WORLD BASEBALL CLASSIC 2023

2023 世界棒球經典賽觀戰特輯

目錄 Contents

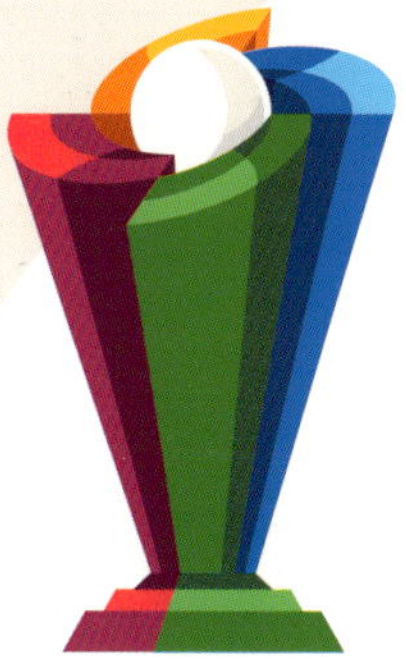

版權

入魂 22

書名　2023 世界棒球經典賽觀戰特輯

堡壘文化有限公司

總編輯　簡欣彥　**行銷企劃**　許凱棣、曾羽彤、游佳霓、黃怡婷

副總編輯　簡伯儒　**封面設計**　Natsu Yu

責任編輯　簡伯儒　**內頁構成**　Natsu Yu

特約主編　正義鷹大俠

協力編輯　MLB 星系 Galaxias MLB

讀書共和國出版集團

社長　郭重興　**發行人**　曾大福

業務平臺總經理　李雪麗

業務平臺副總經理　李復民

圖片來源　除特別標註外均來自達志影像

出版　堡壘文化有限公司

發行　遠足文化事業股份有限公司

地址　231 新北市新店區民權路 108-2 號 9 樓

電話　02-22181417

傳真　02-22188057

Email　service@bookrep.com.tw

郵撥帳號　9504465 遠足文化事業股份有限公司

客服專線　0800-221-029

網址　http://www.bookrep.com.tw

法律顧問 華洋法律事務所　蘇文生律師

印製 韋懋實業有限公司

初版 1 刷 2023 年 3 月

定價 新臺幣 400 元

ISBN 978-626-7240-28-1

國家圖書館出版品預行編目 (CIP) 資料

2023 世界棒球經典賽觀戰特輯／堡壘文化特約編輯部著 .
-- 初版 . -- 新北市 :
堡壘文化有限公司出版：遠足文化事業股份有限公司發行，
2023.03
面；　公分 . --（入魂；22）
ISBN 978-626-7240-28-1（平裝）
1.CST： 棒球 2.CST： 運動競賽
528.955 112000972

Greeting | 大會歡迎詞

親愛的球迷：

在棒球的諸多優點中，這項運動聯繫人們與文化的獨特能力也是相當重要的一環。2023 年世界棒球經典賽正是我們全世界球員與球迷、他們所代表的國家和地區，以及他們所熱愛賽事的一項慶典。成立至今，世界棒球經典賽為忠實球迷創造了難以忘懷的時刻和激動人心的棒球品牌。第五屆賽事將展現成就偉大的熱情、傳統和比賽風格。

對於大聯盟球員工會自從 2006 年以來持續在這項賽事上的夥伴合作關係，美國職棒大聯盟全體在此致上謝意。我們也感謝世界棒壘球總會與全世界各地棒球協會的支持。我們感謝世界棒球經典賽將這些夥伴齊聚一堂，促進比賽的國際發展。MLB 很自豪能與所有將棒球的興奮、樂趣和喜悅帶給下一代球員、球迷和貢獻者的人站在一起。

將國族榮耀與世上最棒的賽事相結合，將帶來與眾不同的棒球體驗。此外，2023 年世界棒球經典賽的成功將於未來數年內為擴張全球棒球運動的繁榮發展扮演要角。經過比預期中還要漫長的等待之後，我們很興奮世界棒球經典賽終於回歸，也感謝您成為這項國際盛事的一份子。

誠摯祝福，

Robert D. Manfred, Jr.

美國職業棒球大聯盟主席

Dear Fans,

Among all of Baseball's virtues, our game's unique ability to bring people and cultures together is as powerful as any other. The 2023 World Baseball Classic is a celebration of our players and fans across the globe, the nations and territories they represent, and the game they love. Since its inception, the World Baseball Classic has produced unforgettable moments and a thrilling brand of baseball for its loyal fans. The fifth edition of this tournament will showcase the enthusiasm, traditions and styles of play that make our game great.

All of us at Major League Baseball thank the Major League Baseball Players Association for its continued partnership on this event, which dates back to 2006. We also appreciate the support of the World Baseball Softball Confederation and baseball federations around the world. We are grateful that the World Baseball Classic brings these parties together to promote the international growth of our game. MLB is proud to stand with all those who are bringing the excitement, fun and joy of baseball to its next generation of players, fans and contributors.

Pairing national pride with the best game in the world will deliver a baseball experience unlike any other. Additionally, the success of the 2023 World Baseball Classic will play a role in expanding the sport's prosperity across the globe in the years to come. Following a longer wait than anticipated, we are thrilled that the World Baseball Classic is back, and we thank you for being a part of this global event.

Sincerely,

Robert D. Manfred, Jr.

Commissioner of Baseball

親愛的球迷：

謹代表大聯盟球員工會、全體工作人員，以及讓我們感到最驕傲的球員們，我很榮幸邀請你們參與 2023 世界棒球經典賽。

如果您是第一次觀賞世界棒球經典賽，您將會擁有一段難忘的文化與運動賽事體驗。自 2006 年成立，接著在 2009 年、2013 年、2017 年陸續舉辦，世界棒球經典賽是讓頂尖球員在國際舞台獻技，同時具娛樂性、球迷也高度期盼的賽事。球員為各自國家效力、競逐能在國際揚威的榮耀，他們展現了身為世界最頂尖選手，每年不斷激勵著他們的熱情、執著、與團隊精神。

去年 9 月，英國與捷克自德國雷根斯堡的資格賽脫穎而出，巴拿馬與尼加拉瓜則在 10 月於巴拿馬首都巴拿馬城的資格賽出線。本屆賽事在加上這 4 支隊伍後擴編至 20 隊，證明棒球的知名度與國際號召力不斷提升，我們也看到在此次主辦的四座城市——日本東京、臺灣臺中、亞歷桑納鳳凰城與佛羅里達邁阿密，各界的興奮之情與期待逐漸高漲。

我們想要感謝主辦方每一位為這項賽事辛苦付出與奉獻的夥伴，也感激從參賽各國的棒球協會、贊助商、國際轉播夥伴得到的支持，以及各國聯盟與球員工會提供的協助。我們會繼續攜手提高這項我們熱愛的運動在全世界的參與度及知名度。最重要的是，我想要感謝你們，感謝球迷如此堅定地支持球員及這項運動，好好享受經典賽以及選手即將帶來的難忘表現吧。

誠摯祝福，

Tony Clark

美國職業棒球大聯盟球員工會執行理事

Dear Baseball Fans,

On behalf of the Major League Baseball Players Association, its staff and the Players who make up our proud fraternity, it is an honor to welcome you to the 2023 World Baseball Classic.

If you are watching a WBC game for the first time, you are in for a memorable cultural and sporting experience. Since its inception in 2006 and the subsequent tournaments in 2009, 2013 and 2017, the WBC has been a showcase for elite baseball on a global stage and an entertaining and highly anticipated spectacle for fans. As our Players unite under their nations' flags and compete for international bragging rights, they display the same passion, commitment and teamwork that fuel them throughout the year and distinguish them as the best in the world.

In September and October, Great Britain and the Czech Republic emerged from qualifying in Regensburg, Germany, and Panama and Nicaragua advanced from the Panama City, Panama, qualifier. They will be part of an expanded 20-team field that is a testament to baseball's growing popularity and international appeal. We have seen the excitement build and the anticipation grow in Tokyo, Japan; Taichung, Taiwan; Phoenix, Ariz.; and Miami, Fla. -- the four host cities for this year's WBC.

We want to thank everyone associated with each of these venues for their hard work and commitment to the World Baseball Classic. We are also grateful for the support we re-ceive from participating baseball federations, sponsors and global broadcast partners, as well as the assistance of baseball leagues and Players' unions throughout the sport. To-gether, we have and will continue to increase the worldwide participation in and popular-ty of this game we all love. Most important, I want to thank you, the fans, for your un-wavering support of the Players and the sport of baseball. Enjoy the Classic, and the memorable Player performances sure to come.

Sincerely,

Tony Clark
Executive Director
Major League Baseball Players Association

來7-ELEVEN
一起為中華隊 加油!!

Chinese Taipei

WBC紀念款 icash2.0 卡片

中華隊紀念款環保購物袋

WBC紀念款80抽/50g柔濕巾(共2款)

紀念棒球帽/運動毛巾/短TEE/球衣

限量販售中

與您一起捍衛主場

商品販售數量以該門市實際販售數量為準，售完為止。
詳情請見7-ELEVEN官方網站公告為準。

掃描QRcode
看更多商品資訊

2023 WBC

賽制簡介

2023 World Baseball Classic Introduction

因全球疫情延宕兩年，原先預定於 2021 年春天舉行、由美國職棒大聯盟（Major League Baseball，簡稱 MLB）以及美國職棒大聯盟球員工會（Major League Baseball Players Association，簡稱 MLBPA）主辦，並經由世界棒壘球總會（World Baseball Softball Confederation，簡稱 WBSC）認證的第五屆世界棒球經典賽終於在 2023 年 3 月回歸。本屆最大特色在於參賽隊伍由上屆的 16 隊擴編至 20 隊，除了 2017 年參賽的 16 支國家代表隊自動入選外，另外 4 隊英國、捷克、巴拿馬和尼加拉瓜則由去年 9 月和 10 月舉辦的兩組資格賽中遴選。

賽事預定 2023 年 3 月 8 日於臺灣臺中洲際棒球場主辦的 A 組分組賽熱烈展開，到美國時間 3 月 21 日在佛羅里達馬林魚隊主場 LoanDepot Park 產生冠軍隊伍為止。分組賽區分為 A、B、C、D 共 4 組，於臺灣臺中、日本東京、美國的亞歷桑納和佛羅里達分頭進行，每組 5 隊，各組前兩名可晉級第二輪的八強單淘汰賽。八強賽贏球的 4 隊則挺進決賽輪的四強單淘汰賽，最終獲勝的兩國則於冠軍賽碰頭一較高下。在與賽隊伍增加、MLB 球星踴躍參賽的狀況下，整體賽事競爭強度和精采度勢必可期，以下即為本屆賽制簡圖：

第一輪　分組賽
FIRST ROUND

A 組
- 中華台北
- 荷蘭
- 古巴
- 義大利
- 巴拿馬

臺灣臺中
3 月 8 日至 12 日

B 組
- 日本
- 南韓
- 澳洲
- 中國
- 捷克

日本東京
3 月 9 日至 13 日

C 組
- 美國
- 墨西哥
- 哥倫比亞
- 加拿大
- 英國

美國亞歷桑納州鳳凰城
3 月 11 日至 15 日

D 組
- 波多黎各
- 委內瑞拉
- 多明尼加
- 以色列
- 尼加拉瓜

美國佛羅里達州邁阿密
3 月 11 日至 15 日

第二輪　八強賽
SECOND ROUND

八強賽第一組
- A 組第一名
- A 組第二名
- B 組第一名
- B 組第二名

日本東京
3 月 15 日至 16 日

八強賽第二組
- C 組第一名
- C 組第二名
- D 組第一名
- D 組第二名

美國佛羅里達州邁阿密
3 月 17 日至 18 日

決賽輪
CHAMPIONSHIP ROUND

四強賽

八強賽第一組 冠軍
VS.
八強賽第二組 亞軍

八強賽第二組 冠軍
VS.
八強賽第一組 亞軍

美國佛羅里達州邁阿密
3 月 19 日至 20 日

冠軍賽

四強賽 勝隊一
VS.
四強賽 勝隊二

美國佛羅里達州邁阿密
3 月 21 日

統一脆麵
統一脆麵/巷口乾麵
邀你一起為中華隊加油！
唯一指定
零食麵 / 統一脆麵
速食乾麵 / 巷口乾麵
WORLD BASEBALL CLASSIC
2023 TAICHUNG
巷口乾麵
非油炸麵
NON-FRIED NOODLE

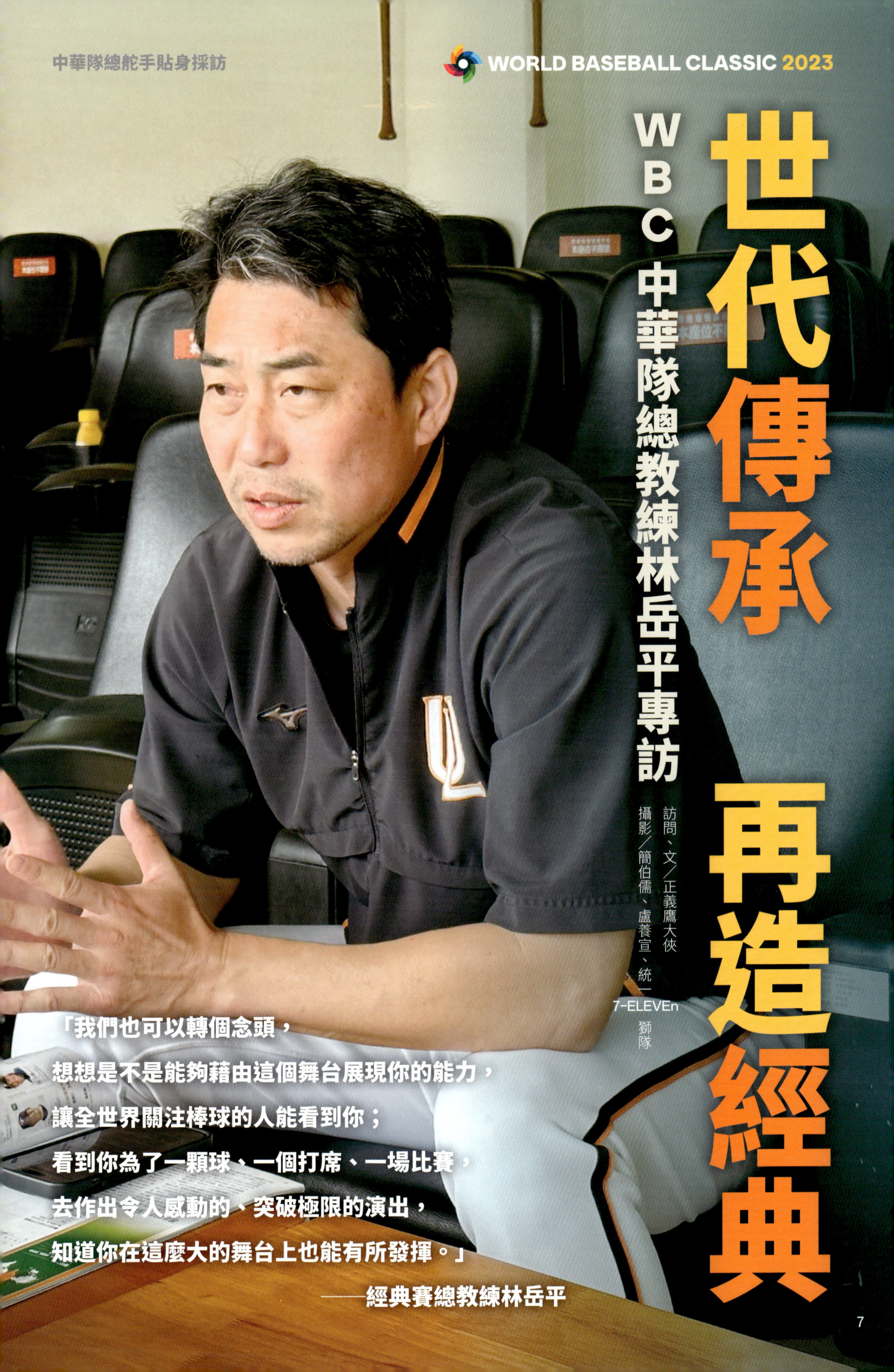

世代傳承 再造經典

WBC中華隊總教練林岳平專訪

訪問、文／正義鷹大俠
攝影／簡伯儒、盧養宣、統一7-ELEVEn獅隊

「我們也可以轉個念頭，
想想是不是能夠藉由這個舞台展現你的能力，
讓全世界關注棒球的人能看到你；
看到你為了一顆球、一個打席、一場比賽，
去作出令人感動的、突破極限的演出，
知道你在這麼大的舞台上也能有所發揮。」

——經典賽總教練林岳平

舵手群：中華之光

去年 9 月份球隊公布教練團名單，來自中職各隊的教練包括首席兼捕手教練高志綱、打擊教練曾豪駒和彭政閔、投手教練許銘傑，牛棚教練王建民，內野守備教練陳江和，外野守備教練張建銘皆為一時之選，且同時具備台、美、日的職棒經歷，能否分享當初組成教練團的想法和過程？找成員時是否遭遇到困難？

林岳平（以下簡稱餅總）：確定接下總教練一職後，最先想到的當然就是選手時期到轉任教練後都是戰友，同時也是我在統一7-Eleven獅隊的左右手志綱，他也了解我的帶隊方式，因此組建成最初的教練團核心。

接下來重點就是投打兩端教練的物色，由於經典賽要從春訓階段的組訓開始，訓練相當重要，才能將投手群從練習一路調整到進入比賽狀況，因此委由經驗豐富、同時是過往中華隊老戰友的王建民負責，而他也爽快地接受了邀請。有了美職系統出身的王建民，之後則延攬受過日式訓練洗禮的學長許銘傑搭配，以掌握並協助不同背景的選手群。他回台後擔任投手教練的職務已有一段時間，所以也要借重其經驗，執行作戰時的投手調度，而王建民則是在牛棚協助投手準備登板，兩人各司其職、相輔相成。

打擊端則是先找了恰哥彭政閔。和投手部門的職責分配相似，恰哥主要負責訓練和調整，作戰策略則交給中職裡打擊最強的樂天桃猿隊總教練曾豪駒，他過去曾任國家隊打擊教練，應該能很快掌握國際賽調度。至於守備我個人則推崇防守向來穩健的中信兄弟隊，因此請來長期在象隊負責此一任務的陳江和，外野部分則是交給張建銘。

若仔細觀察，不難發現這批教練除了在中華職棒各隊都能獨當一面，過往還都是中華隊戰友，彼此熟識之外也了解國家隊須要什麼氛圍，也曾在國際賽有過好表現，並藉由這些教練將中華隊應該展現的態度和精神傳導給選手。至於找人過程很順利，只要清楚的對他們說明任務、確定配合時間，幾乎都是沒有推辭就接下重任，共同面對在組訓期間如何將理念和想法傳達給選手的任務。

各部門戰力考量

投手戰力在短期盃賽中向來重要，想請問教練關於輪值以及牛棚的初步人選規劃，以及選才重點為何？

餅總：確實經典賽最困難的部分就是投手調度，因為大會有隔場出賽限制、球數規定，超過一定用量就強迫選手停賽等規則。以第一輪分組賽 65 球的先發限制來看，就算投手完美演出也只能投到 5 局，後面 4 局如果使用職棒例行賽 1 人吃 1 局的調度方式，順利的話當然沒問題，但比賽狀況難免，加上去年底赴日參觀日本和澳洲的交流賽時觀察他們每場幾乎都押上 2 名先發投手撐至少 6 局，而且全隊 28 人不但投手接近半數達到 13 人、當中還有 9 個都是先發型，因此我會傾向多帶先發型或長中繼、且具壓制力的角色，組訓階段就有 8 名先發型投手入選。

就經歷和能力而言，目前中職擔任先發角色的還是以江少慶、胡智爲和王維中這 3 位投手為佼佼者，加上皆有旅美資歷，原則上先發預定以他們為主軸，其餘再看組訓調整狀況。牛棚部分，開訓前先設定由旅外效力日職樂天

金鶯的宋家豪接任終結者角色，至於往前推，看守 7、8 局的人選也有不少，不過同樣會於組訓期決定。

請問野手部門最初設定的主力成員有哪幾位？實戰會如何分配角色？

餅總：就內野來看，目前我國還在最高層級大聯盟的選手只有張育成，此外林子偉也有不少 MLB 經驗，而且都守過游擊，因此一開始就希望兩人能入隊。張育成其實並非不想加入中華隊，而是基於生涯規劃、在下一張職棒合約尚未確定時還需要一些時間溝通，最終確定加入中華隊後也肯定是內野防線中最主要的打者。至於子偉過去擔任過內、外野工具人角色，打擊也會倚重他，只是防守位置還要視組訓狀況調整。目前的預想是擅長守備、但升上成棒之後還沒打過國家隊的江坤宇如果調整到位，那麼張育成和林子偉就能在攻擊端專心幫助球隊。

臺中

那打線部分的用人標準為何？

餅總：原則上會找近幾年在國內各方面都有穩定表現的選手，綜合速度型、守備型和擊球型這幾個方面為重點，至於全壘打多但是揮空率偏高的球員幾乎很少挑。因為在對方投手陌生且層級高的情況下，要打出一支全壘打確實很困難，所以希望藉由擊球和速度去壓迫對手、製造契機。

組訓規劃與目標

中華隊預計 1 月底展開集訓，到經典賽正式開打大概有 1 個月出頭的整軍時間，扣除熱身賽其實時間不多，加上選手剛從休賽季歸隊需要調整狀況，您計畫要如何在短時間內凝聚戰力和士氣？

餅總：本屆球員的挑選方向為年輕化，平均年齡層大致落在 26 歲到 28 歲或上看 30 歲，尤其有不少旅外選手，首波名單除了預定的 30 個正選名額之外又多挑了 6 名備選，就是為了因應晚報到的旅外球員狀況較難掌握，或全隊人手較短缺而預做準備，甚至萬一有人受傷可以立即更動。至於個人戰力雖然選才時就已經納入規畫考量，但士氣和團結實際上還是得隨著訓練腳步，在團隊一起生活、一起訓練下，逐漸準備好下個階段出賽時每個選手的身心靈。這部分要看屆時和球員間的交談、互動，透過練習中鼓舞去凝聚團隊共識和力量。

而之所以挑選這個年齡層的球員，而非更多擁有國際賽經驗但年齡稍長的選手，主要在於這批人過去幾年已經因為疫情缺少出外征戰的機會，也因此實戰上會比較受到質疑，但如果經典賽又任命大他們一、兩個世代的選手出征，這批身手逐漸成熟的人力就又無法累積經驗，得再等個 2、3 年才有機會。而且無論打得好不好，這組選手都可以續戰明年的世界棒球 12 強賽，甚至成為下個階段的國家隊班底，為中華隊儲備新戰力。

由於集訓時間不算長，打完經典賽又要投入春訓並準備中職例行賽，選手出賽的負擔和預防受傷肯定是要務之一，包括集訓、熱身賽和經典賽的正式比賽期間，您會如何規劃和執行這個課題？

餅總：我們的做法會是在組訓之前就先告知納入 50 人名單的選手，必須在 1 月初個人的體能和狀況就提升到一定水準；同時了解國內各職棒隊新球季展開訓練的時點，委請各球團協助球員調整，屆時組訓就只是進行團隊整合和默契上的演練。當然那時有可能不是所有人的狀況都能如預期，當有選手出現落差、無法調整到位時，就以前面提到的 6 名備選人員視狀況輪替，也藉由這種略帶競爭壓力的環境來激勵隊員。

另外本屆賽事第一波會公布 36 人組訓名單、而非原本主辦方大聯盟規定的 35 人也是有原因的。其實我起初就是跟體育署爭取 36 人，而那多出來的 1 人是業餘速球好手林振瑋。雖然他不會在正式出戰經典賽，但希望藉由他的身高和球速優勢，外加尚未完全穩定的控球，固定於練習賽的第七、第八局上場投球或是支援打擊練習，讓打者熟悉面對外國選手、甚至大聯盟後援投手的感覺。只是後來官方取消 35 人名單的揭露，因此順勢納入第 36 位競爭者，以增加替補深度和機動性，林振瑋則轉任訓練員，照樣能提供球隊應有的協助。所以這個 36 人名單並非如外傳所說，張育成是那個「35 加 1」、因徵召問題而多列的第 36 個人。

那這多出來的 6 名集訓球員，會知道他們是遞補性質的嗎？

餅總：在這 36 人名單當中有部分選手會得知他最後不一定入選 30 人名單，不過我在組訓初期就會跟他們講清楚、即使到了 30 人名單出爐後他們也暫時不能離隊，必須待到所有旅外選手都報到、訓練人員充足的階段，而誘因就是一旦有正選球員出狀況他們便能優先遞補，以保有調度和增減選手的靈活度，而非屆時才匆忙尋求替代人選，也減少補人後磨合所需的時間，更不至於降低教練對於新成員的信任感。

運籌帷幄

您在 2020 年首度接掌統一 7-ELEVEn 獅隊就克服上半季戰績低於 5 成的問題，於下半季奪冠並且拿下總冠軍，足見有能力快速整合團隊戰力並逆勢突圍，在經典賽同組強敵環伺的狀況下，您會利用哪些昔日經驗引導或激勵這支短時間內成軍的代表隊？

餅總：我想應該是「信任」吧？因為當球隊不順利或不穩定的情況下，每個人心裡都會產生懷疑，教練如果開始懷疑選手，判斷力或是調度就會出現猶豫，但這是需要團隊相互磨合的。像當年就是因為上半季失敗、經過不斷磨合，到了下半季逐漸找到各個位置的球員心態上想走的方向、球場上想得到的東西，藉由我的角色讓選手達成目標，讓他們產生榮譽感和凝聚力。另外當年投手戰力是很重要的關鍵，能夠讓野手們產生信任感、相信只要這些投手先發就有很高的機會贏球，凝聚力和好表現就會出來，中華隊的部分也一樣必須透過訓練和熱身賽的過程慢慢找到球員的特質，建立起這種信任感。

本屆同分組對手包括古巴、荷蘭上屆都闖入八強賽、荷蘭甚至晉級四強，實力非常堅強，另外義大利、巴拿馬也有大、小聯盟選手助陣。面對激烈競爭，我們在分組賽中是否有特定的假想敵、或是您認為最難應付的球隊？分組賽會採取怎樣的因應策略？

餅總：就分組賽的賽制而言，其實沒有必要去找假想敵，因為分組 5 支隊伍中要分別對戰其他 4 隊各 1 場，基本上勝場至少要有 3 勝才比較能夠篤定奪下複賽門票，既然 4 戰要有 3 勝，就沒有一定要針對誰的問題。不過以對戰順序巴拿馬、義大利、荷蘭、古巴來看，其實第一場能否贏球便攸關晉級與否的關鍵，因為我們優秀的先發投手不像其他隊量能豐沛，而且上場後礙於規則限制、等於投超過 65 球該輪賽事就無法再登板，加上後面 3 場是中間沒有休息日的 3 連戰，所以首戰是重點、必須盡全力拿下。贏球之後經過 1 天休息，牛棚也能閃過投 30 球須隔日出賽的限制，全力馳援後面 3 場比賽。

那投手的調度會影響你對於打線這邊的策略安排嗎，比如說多磨對手球數之類的？

餅總：這是一定會的，但也不會說刻意提醒他們去等球，而是在有力量揮擊的時候針對進來的第一個或第二個好球進行有效擊球，而不要用破壞成界外球的方式來揮棒，寧可揮空也不要因為猶豫出棒而成為無效擊球。

過去四屆經典賽，中華隊只有在 2013 年的第三屆突破分組預賽、闖進第二輪的八強賽，想請問總教練今年有無預設以推進到哪一輪比賽為目標？在分組預賽或是進入決賽後的調度又會有那些不同規劃？

餅總：因為過往只有一屆打進八強，因此目前首要還是設法在臺灣舉辦的預賽先取得 3 勝優勢出線，畢竟本屆複賽不像過去還有交叉對戰、而是單淘汰賽制，無法先替複賽設想太多，因此重點還是擺在突破首輪的分組賽。

期待更多

您曾在 2009 年參加過經典賽，對於本屆接棒的這批選手，您會有什麼樣的忠告或建議要給他們？

餅總：我的想法是，這是個國際舞台、這是個全球最高的國際舞台，也許你會因為這個賽事受傷、又或許會因為參賽導致今年例行賽表現不如預期，但也可以轉個念頭，想想是不是能夠藉由這個舞台展現你的能力，讓全世界關注棒球的人能看到你；看到你為了一顆球、一個打席、一場比賽，去作出令人感動的，突破極限的演出，知道你在這麼大的舞台上也能有所發揮。對於選手來說，這樣的意象可能不容易達到，如果只是以個人的生涯或賽季去做考量，那就必須有所取捨。

其實我知道以往大家會有選手打過經典賽、同年季賽表現會低於個人平均水準的認知，這落差是難以避免的，重點在於如果你想要的是在全世界矚目時就把自己最好的演出在 3 月份拿出來，便有可能一整年最燃燒發光的時刻會提早幾個月消耗殆盡，甚至到季中 7、8 月狀況開始走下坡。但如果這就是你身為一個選手所嚮往的榮耀，那就去追求，（不過）畢竟個人職棒賽季一時打不好、來年還有機會，但下回能夠再站上經典賽的舞台代表國家，卻不知道會是什麼時候了。而且既然決定參賽就要拿出職業精神和運動家精神盡情展現，讓所有在現場、在轉播螢幕前的球迷去關注到你場上的表現。

那就您自己來說，為何會起心動念、願意接下經典賽總教練這個重擔？畢竟以過往經驗來看，國家隊教練、尤其是越高層級的賽事，這個職位絕對是全隊最吃力不討好的，接手要有相當的決心和勇氣。

餅總：如果這次不接，你覺得下次還有機會接嗎？其實應該是說國內的總教練已經逐漸年輕化，目前檯面上的大概都落在 40 歲到 45 歲，我的優勢或許是是 2020 年疫情期間先取得比較好的帶兵成績，所以隔年開始籌備經典賽時就先被徵詢意願，不然像這兩年中信兄弟的林威助總教練帶領球隊崛起、也是很好的人選，我就不一定有機會了，而其實也是在那個時候，我就表達了如果能接任，後續會如何組建球隊。

對於這次經典賽，身為總教練的期待為何？

餅總：為了保護球員，其實經典賽的賽制跟一般球賽有很大不同，考驗的是整個團隊的配合度和謀略，包括後勤、紀錄等等部門，我能做到的就是盡力找到大家期待的人選進來一起共事，希望每個成員都能在各自的岡位上發揮出來，打出好結果。

今年分組賽辦在臺灣、不像您當年是遠赴日本比賽，今年氣氛肯定有所不同。您認為球迷們可以扮演怎樣的角色來幫助球隊贏得勝利？是否要藉此訪問機會呼籲我們的球迷進場營造主場氣勢、替中華隊加油？

餅總：以個人過去經驗，參與經典賽的難度在於選手必須從春訓階段起步、變數相對大，關鍵就在於這段期間如何組織國內最好的選手、建構成具有競爭力的隊伍，這必須在練習賽和熱身賽期間就和包括球團、球員和球迷彼此慢慢營造出贏球的方向和企圖，例如球迷之間可以用更正面、鼓舞的態度，激勵選手在臺灣打出屬於我們的精神。或許最終結果無法預測，但還是要透過每個人在過程中全力投入，無論是教練團、選手、後勤人員和球迷，同心為了這 4 場賽事去奮戰。

以百道多國美食饗宴
全力為中華隊應援！
饗食天堂

Kronenbourg
1664
BLANC
可倫堡1664白啤酒
我的法式新玩味！
檸好！
Kronenbourg
1664
BLANC
GOOD TASTE
WITH A TWIST
WHEAT BEER
WITH A HINT OF CITRUS

伯朗咖啡
EX
MR.BROWN
EX
雙倍濃烈咖啡
double power, double enjoyment
crafted for that extra boost
getting you through the last mile
中深焙
原味
伯朗EX雙倍濃烈咖啡
你 生 活 的 推 動 力

本屆經典賽中華隊陣容飄散著強烈換血風，許多過往球迷所熟悉的球星都不在本次名單當中，取而代之的是一批近年竄出的後起之秀。在投手群當中，最具代表性的年輕選手之一絕非曾峻岳莫屬。自 2020 年以高中畢業生身分在選秀會中被富邦悍將於第七輪指名入團後，曾峻岳憑藉著剛猛的速球在隔年就進入開季名單，並在季中接下了球隊守護神的角色，替球隊守下一場又一場的勝利，也把自己投進了經典賽名單當中，甚至被林岳平總教練點名為本次賽會中華隊倚重的投手戰力之一。

然而，在陣容年輕化的情形之下，經驗的傳承就更顯重要。而曾峻岳在母隊的隊友江少慶本次賽會能帶給中華隊的除了強大的投球實力外，他豐富的國際賽經驗更是中華隊許多球員所缺少的。

在 36 人名單公布隔天，江少慶與曾峻岳於春訓練習結束後特別抽空、面對面坐下來與本刊分享了對過去幾屆經典賽的回憶，以及入選經典賽的心情以及對賽會的期待。以下就來看看這對一先發一救援，資歷大不同投手聊起 WBC 來，會激盪出怎樣的火花吧？

沉穩中帶著決心 緊張但有勇氣

WBC 經典賽球星江少慶、曾峻岳專訪

文、採訪／江奕昌　　攝影、協訪／正義鷹大俠

曾峻岳（來源：悍創行銷）

兩位對彼此的了解

兩人對於彼此的第一印象各是如何？成為隊友一段時間後，對於彼此在場上的表現有怎樣的觀察？

江少慶（以下簡稱江）：我們其實滿常一起傳接球的，進到富邦之後看到峻岳就覺得他像是一座小鋼砲，是一個充滿力量的年輕人，身體很強壯，然後丟出來的球質也讓人非常期待。進入職棒一直到目前為止的表現也是非常突出的一名選手。

曾峻岳（以下簡稱曾）：第一印象應該就是 2017 年的時候看學長投經典賽。成為隊友後實際見到學長的第一個感覺就是肌肉真的練得很好，說真的，不要說是女生啦，就連男生看到都會對他的肌肉線條感到讚嘆不已。而且學長真的很自律，因為平常都會跟學長一起傳接球跟討論丟球的狀況，每天下來也幫助到我進步。

那對學長在球場上的表現呢？有沒有比較深刻的印象？

曾：從我的角度看，學長對自己的要求真的滿高的。有時明明投的球已經算很好了，可是他就會覺得還不夠好，然後持續不斷的去加強，我想這也是我需要學習的地方。

對本次經典賽的期待

能否請兩位聊一下收到經典賽中華代表隊徵詢當下的心情？

江：當下其實滿開心的。特別是看到名單出來之後，馬上又回想起很多 2017 年時第一次參加經典賽的記憶，那時候很年輕，還懵懵懂懂的，這次入選，在心境上有一些不同，畢竟又經過了好幾年，這次能夠再次打經典賽，其實真的很開心。

曾：當下一定很開心啊，因為之前也是小時候看經典賽時，看到學長們在職業的賽場上表現這麼好，進而躍上經典賽這個大舞台，就覺得他們很厲害，但也不會想到我能夠有機會跟著學長們一起站上這個舞台，我覺得很不簡單。

這次經典賽對於自己的角色有沒有什麼期待？

江：期待一定是會有，不過還是要取決於教練團的安排，教練賦予我什麼位置，我就盡量去勝任。以團隊戰力去做通盤考量，（在賽場上）我們就像一個士兵，能做的就是盡量去幫助總教練的調度跟幫助國家隊取得好成績。

曾：我的想法跟少慶一樣，一切看教練怎麼去安排，我們就去做好我們該做的事情就好。

兩位之前有接觸過林岳平總教練嗎？對他的印象為何？

江：因為我是近幾年才回臺灣，跟餅總接觸是（2022 年）明星賽那一次，有稍微聊過幾句話。從小對餅總的印象就是滿酷、滿有殺氣的，畢竟是救援王嘛，從小就看他飆 150（公里）。在那個年代真的是很厲害，再加上還經歷過一次開刀，我覺得那真的是很厲害的一件事情。

曾：我跟餅總也是那一次明星賽有同隊過，覺得他是一個很好的教練，只要你有任何問題他都一定會回答，也不吝於把他在職棒學到的東西傳授給我們這些學弟。

為了備戰經典賽，兩人在今年休賽季的訓練上有沒有做什麼調整？

江：職業球員的訓練目標還是要以賽季為主，所以訓練上跟以往沒有太大的改變，只是稍微把投球的課表提早一些，但也不會刻意往前太多。畢竟經典賽是在季賽之前，所以我就盡量把狀況調整好然後配合團隊的運作，目前也還算在進度內。休賽季的訓練還是依照去年遇到的問題去調整，今年冬天就比較著重在動力連結（註）跟協調，還有投球機制這個部分，肌力的部分就是盡量維持。

（註：指將下半身力量有效傳導至上半身。）

曾：一樣也是針對去年的不足去做加強，只是訓練的腳步會比以往再加快一點，大概比平常賽季快個兩、三週左右。因為我休賽季都在臺中，也剛好有跟胡智爲一起練，他也是打過國際賽的學長，所以我也有請教他。

江少慶（來源：悍創行銷）

峻岳即將迎來成棒階段第一次的國際賽體驗，而且就是最高層級的經典賽，會感到緊張嗎？

曾：是會緊張沒有錯，但我是覺得就想辦法把平常練習的所做的事情發揮在比賽場上，趁現在這段時間把自己準備好去面對比賽。壓力一定是會很大，可是我覺得這會是一個我可以成長的地方。

在這屆可能參賽的球員中，有沒有哪一名打者是你們特別想對決的？

江：古巴隊的每一位打者吧，另外就是上一屆荷蘭隊的第四棒 Wladimir Balentien。那時候印象滿深刻的，因為他打了我一支界外全壘打。我有被震驚到，因為他在重心被破壞掉、只能用單手揮擊的情況下還把球打成平射炮，我當時還很年輕，那發打出去時我是真的有嚇到。

曾：每一位打者都會想對到，特別是日本隊，他們目前的陣容看起來很強，很多大聯盟的選手也都要參加，我想要看看自己的能力跟程度到哪裡，大膽的跟他們對決。

身為經典賽菜鳥，峻岳有沒有什麼特別想要請教老大哥少慶的？

曾峻岳（來源:悍創行銷）

曾：我想知道在對戰（陌生的）國外打者時，會有什麼樣的投球策略？

江：大部分拉美選手的攻擊策略都比較積極，特別是國際賽，球員的組成是來自不同的母隊，可以預期他們會更加主動，差不多的位置就會想要攻擊。你只要相信你的球威跟控球，前面搶好球的時候盡量去攻擊好球帶，讓他們自己打不好，不要太閃躲，太閃躲的話只是讓自己更累而已。

回憶過去經典賽

少慶上次入選經典賽時在隊上算是比較年輕的選手，這次則是隊上少數有經典賽經驗的選手，在這之間的心態上有什麼樣的差異？

江：2017 年的時候比較年輕，反而不太會緊張，因為有太多大學長在前面，那屆我算是投手群最小的，所以那時候就天天的，教練叫我上場我就盡量表現，盡量丟。因為我年輕，丟不好還有學長們，那時候的心態是這樣。那今年的經典賽因為已經有一次的經驗了，也有經歷過世界 12 強棒球賽，再加上自己生涯累積的經驗，我會覺得是時候該把我的所能表現出來了，盡可能不要失敗。

峻岳對賢拜之前在國際賽的表現有什麼印象？少慶自己印象最深的國際賽又是哪一場？

曾：2019 年 12 強吧，學長先發對波多黎各，投六局丟得很好。那時候我還唸高中，從電視轉播中看到學長們可以在國際賽的舞台表現，讓更多人看到，我在那時候就夢想可以參與這樣的比賽，也讓我把學長當作目標去努力。

江：每一次入選中華隊都有不同的回憶，我記得第一次是 2014 年仁川亞運，那時候更年輕，跟阿岳現在一樣吧，才 21 歲。所以真的每一次國際賽都讓我留下深刻印象。如果講到經典賽，我記得當時都是比賽前一天才會知道由誰登板先發，對荷蘭時是我跟小宋（宋家豪）兩個之間挑一個，最後郭總（郭泰源總教練）選擇讓小宋先發，我接在他後面投，那運氣也比較好，我都有順利解決打者，然後張志豪打了一支全壘打，讓我們一度逆轉。所以若是說印象深刻的話，我反而是對張志豪那發全壘打最有印象。

少慶上次對荷蘭繳出好表現但是球隊惜敗，這次又跟荷蘭分到同一組，他們陣中也有許多上屆出賽過的選手，會不會特別有動力想要雪恥？

江：就盡量表現吧，不會去針對哪一隊或是哪一位打者。完成自己的局數才是最重要的，每一個打者都必須用心、盡力去解決。

在臺灣比賽帶來的優勢

這次經典賽的小組賽將在臺灣舉辦，特別還是在峻岳的家鄉臺中，這樣能為中華隊帶來怎麼樣的主場優勢？

曾：一定會特別的不一樣阿，畢竟臺中是我從小長大的地方。我希望能夠去享受這個比賽，也希望家人父母能夠到場看我比賽。讓他們知道他們的兒子能夠站上這個國際舞台表現給大家看。

江：主場優勢多少一定會有，主要會表現在團隊上。在臺灣比賽，球迷一定會比較多，不管是投手還是打者一定相對會比較亢奮，如果能夠保持平常心，控制並妥善利用那股亢奮，我覺得大家的表現一定會有加成的效果。

最後有沒有什麼話想要跟中華隊的球迷朋友們說呢？

江：經歷過疫情後，2023 年是全世界慢慢恢復正常的一年，希望大家能夠回到球場，重拾對棒球的熱情。經典賽是今年最大的比賽，很多大聯盟的好選手也都有參加，所以是一場很好的賽事，希望大家踴躍為中華隊加油，看我們晉級到第二輪、第三輪，為國家爭取最大榮耀。

曾：今年經典賽中華隊的平均年齡算滿低的。我希望球迷可以來到洲際棒球場，看看我們這些新一代的球員，能夠有一些不一樣的表現呈現給球迷們。

結語

從本次訪談當中，可以很明顯感受到兩名選手對於這次經典賽都是充滿期待。江少慶不改以往沉穩風格，但仍然隱藏不住內心當中強烈想要為國爭光的決心；而曾峻岳在訪談過程中雖然有些緊張，但同時也透露出他對於國際賽躍躍欲試的企圖心。毫無疑問的是，兩人絕對是決定本屆中華隊能走多遠的關鍵角色，也讓我們對於他們的演出拭目以待。

中華之星點將錄

第五屆 WBC 中華臺北隊成員介紹

一起來看看 2023 年第五屆 WBC 世界棒球經典賽的中華英雄們吧！

文／Jerry Gong
照片／除特別標註外皆為悍創行銷

#71 江少慶 投手 富邦悍將
Chiang Shao Ching

前年以總額 6,120 萬台幣的中職史上最大合約返國，江少慶從 2017 年經典賽長中繼角色，本屆相隔 6 年則肩扛輪值要角。上季表現並不順遂，最快球速從 155 公里下滑至 153 公里，但依舊是中華隊本土先發投手第二快、僅次於鄧愷威，加上在 2019 年世界 12 強賽展現王牌本色，本屆經典賽仍將是中華隊一號投手候選。休季他特別聘請 2 名訓練師，加強重訓和柔軟度備戰球季，誓言今年反彈、投出符合身價的身手。必須關注的是他上季慢熱，4 月防禦率高達 9.39，3 月初就開打的經典賽考驗調整狀況。

#16 王維中 投手 味全龍
Wang Wei Chung

身為中職史上最貴左腕，王維中前 2 年大小傷勢不斷，導致平均每年投不到百局。但藏球功力一流，加上臨場應變能力出色，累計被打擊率僅 2 成 35，為近年「中職海歸派」中最低。特別的是，生涯前 3 局被打擊率僅 1 成 92，顯示第一輪打者要攻略難度很高，將在短期賽具備不俗威力，跟江少慶是隊上最受倚重的「左右護法」。唯一懸念為身體狀況，具備所有最佳條件的他前次打國際賽竟要追溯到 2011 年，等於 20 至 29 歲期間皆無國手資歷，難怪他會形容自己像個菜鳥。

#58 胡智爲 投手 統一7-ELEVEn獅
Hu Chih Wei

在中職前 2 年疫情後的海歸潮成員中，胡智爲堪稱是最稱職的先發投手，加入獅隊後除了確診之外從未缺席先發輪值。上季雖苦吞土投最多的 13 敗，卻吃下 150.2 局，續航力被餅總林岳平認證是獅隊一號投手，最大關鍵在於分配體能的技巧，以及不過度追求三振的改變。早在 2017 年經典賽胡智爲就曾被徵詢，可惜當時在大聯盟 40 人名單準備上最高殿堂，因而被光芒隊勸退，如今終於有機會首次叩關最頂級賽事，估計有機會扛下一席先發。

#29 鄧愷威 投手 舊金山巨人 2A

Teng Kai Wei

來源：中華棒協

鄧愷威連續 2 年在高階 1A、2A 都展現驚人奪三振功力，上季 136.1 局猛飆 169K，但也為了追求三振，四壞球比例居高不下，每 9 局高達 5.6 次，休季特別針對控球改變訓練模式，等待在經典賽場上驗收。去年猛飆 156 公里火球的他擁有中華隊輪值最速火球，亦是陣中唯一現役旅美投手，沒人比他更了解美職體系打者習性。只是 2019 年亞錦賽表現不佳，是否隨著賽事強度被放大值得關注，若能在經典賽好好表現，將是今年首登大聯盟的一條捷徑。

#43 宋家豪 投手 東北樂天金鷲

Sung Chia Hao

來源：達志影像

上屆經典賽還是一名先發投手，宋家豪經過多年日職高張力舞台的試煉，已是身經百戰的後援強投，今年球季將挑戰臺灣史上首位日職百中繼的壯舉。雖然過去專任佈局投手，但在 2021 年有代班終結者經驗，對後段局數的後援工作並不陌生。上季最快球速從 156 公里降至 153 公里，導致直球被打擊率破 3 成，不過拿手武器變速球仍壓制力十足，被打擊率僅 1 成 13，讓他能夠完全宰制左打，成績比對戰右打更加出色，初體驗國家隊守護神的表現值得期待。

#15 呂彥青 投手 中信兄弟

Lu Yen Ching

先發輪值沒能投出好成績，呂彥青去年在牛棚找到一片天，被兄弟總教練林威助認證「神經大條、不猶豫」的特質，讓他正式接班李振昌、成為兄弟隊史首位本土左投終結者。身為牛棚少數左投戰力，「呂寶」去年不僅沒被左打敲過全壘打，對右打被打擊率更僅 2 成 12，比對付左打更優。由於經典賽禁止「一人左」的使用，呂彥青「左右均衡」讓教練團更放心，且在得點圈被打擊率僅 1 成 75，遇上危機時控球比平時更加出色，有機會扮演「拆彈手」的角色。

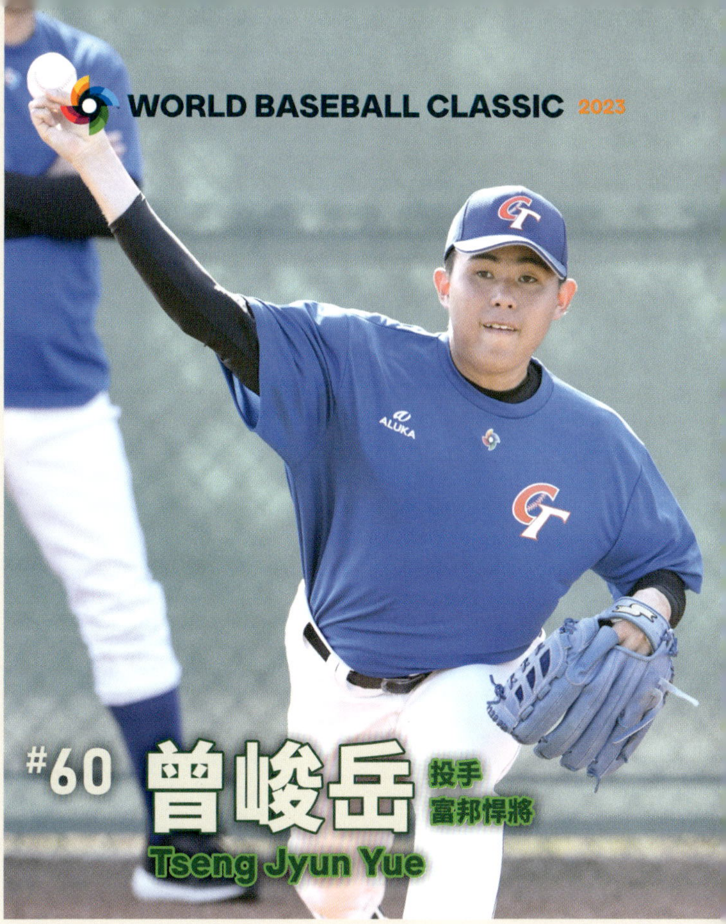

年僅 21 歲的曾峻岳是本屆中華隊最年輕選手，堪稱近年橫空出世的高中畢業投手代表。青棒時期在 U18 世界盃落選，甚至以第 7 指名身份加入中職，未料 1 場二軍也沒投就直上一軍，在菜鳥年繳出雙位數中繼和救援成功，去年更抓下 20 次救援，另外最快球速年年進步，去年猛飆 157 公里，跟統一獅古林睿煬並列本土最速投手。雖然在得點圈被打擊率高達 3 成，遇上危機的應變經驗稍嫌不足，但擁有中職球速最快、奪三振率第二高的身手，期待「阿岳」初生之犢不畏虎。

「小李飛刀」去年 5 次救援失敗平生涯最多，加上受傷因素，兄弟終結者一職交棒給呂彥青，但依舊是全中職最有經驗的後援投手之一。36 歲之齡已是全隊最年長，最快球速仍有威力不減的 152 公里，四分之三側投能增添牛棚投手多樣性。中華隊預賽最強對手是古巴，這是李振昌在國際賽最熟悉的對手，業餘時期更有「古巴殺手」之稱，北京奧運也先發對戰過、繳出 6.2 局掉 1 分好投，陣中唯一投過奧運和經典賽的他將扮演牛棚小老弟的定心丸。

中職單季最多救援成功紀錄保持人陳禹勳近年離開終結者職位，沒能挑戰歷史救援紀錄，但去年證明仍是聯盟最老練的牛棚投手之一，勇奪生涯第二座中繼王，還達陣史無前例的「百中繼、百救援」。放眼全隊第二資深的「鄉長」，2013 年決定從合庫投入職棒選秀的最大契機正是該年經典賽，當時他自認實力不輸國手，後來果真於中職豎立不少「鄉長障礙」，今年經典賽算是回到投身職棒的初衷，那顆國內數一數二的極品指叉，可望在國際賽場飆 K 揚威。

「微笑左投」在 2021 年放棄多年旅日生涯，回臺灣加盟中職後表現令人跌破眼鏡，未能符合球迷期待，主因是調整先發不順利。去年從季中調回最熟悉的牛棚，找回昔日旅日身手，總計後援 24.2 局無自責分，猛飆 27 次三振，最快球速達 151 公里，壓制力十足。令人眼睛為之一亮的是對戰右打被打擊率僅 2 成 05，沒有左右失衡現象，將跟呂彥青肩扛牛棚左投重擔。陳冠宇上屆經典賽扮演先發投手防禦率破 10，今年從專職牛棚出發，有機會複製 2019 年世界 12 強 5 場無失分的高水準演出。

#17 陳冠宇 投手 樂天桃猿
Chen Kuan Yu

#93 吳哲源 投手 中信兄弟
Wu Che Yuan

吳哲源號稱「第 10 指名傳奇」，選秀順位倒數第一進職棒，卻扛下 2 連霸兄弟輪值一席，上季更締造超越陳義信的 10 連勝，成為史上單季登板百局最高勝率投手。雖然最快球速不到 150 公里，三振能力不高，擁有王建民認可「想丟哪就能丟到哪」的精準控球，更能運用「王式伸卡球」在有效球數解決打者，由於國際賽有用球數限制，控球成最大優勢，估計扮演接替先發投手後的第二先發角色，而預賽在自家主場洲際舉辦，吳哲源去年在這座球場沒輸過，戰績 6 勝 0 敗。

#69 黃子鵬 投手 樂天桃猿
Huang Tzu Peng

黃子鵬是近年中繼轉先發最成功的案例，上季吃下全本土最多的 158.2 局，即使勝投王寶座失守，依舊拿下中職土投睽違 8 年的防禦率王。外號「老虎」的他是隊上唯一低肩側投，武器庫中的伸卡、滑球和曲球都有一定控球水準，靈活配球策略讓他投出生涯巔峰。數據顯示，他主投 158.2 局僅有 25 次四壞，保送率 3.93% 是全中職本土投手最佳，估計扮演第二先發。當中華隊輪值都是火球威力型投手，黃子鵬接手能製造「緩急效果」，運用多球種投法迷惑打者。

由於張奕因傷辭退，陳仕朋搭上經典賽列車，可說是 30 人名單驚奇之一。雖說如此，他去年投出比江少慶更具宰制的成績，肩扛富邦本土王牌看板，也是中華隊「第二先發」中唯一左投，增添調度多樣性。陳仕朋沒有名聲響亮的第一指名稱號，卻能連續 4 年吃下百局以上，去年更投出防禦率 2.69 的生涯年，顯見過人自律性。集訓期間也展現企圖心，是全隊首位報到的投手，戰戰兢兢參加訓練。陳仕朋亦是全隊被設定先發行列中，唯一高中畢業出身的非旅外投手。

陳冠偉是所有臺灣隊選手選秀最低順位者（第 21 指名），三級棒球時期更從未入選過任何層級國家隊，毫無疑問是「最大黑馬」，首次披上國家隊戰袍就是在經典賽，連本人都直呼相當不可思議。最大特色是近乎垂直的高壓上肩投法，出手點令打者難以適應，最速 152 公里直球和招牌指叉球能混淆對手，造就上季有全聯盟最強的 K 功，46 局猛飆 61 次三振，在「至少投 15 局」投手中，34% 奪三振率排名全中職第一。此外陳冠偉也繼承老爸陳威成，寫下父子倆都有一級國際賽（奧運、12 強、經典賽）經驗的美談。

「大王」因上季失落的一年而被降格為育成選手，但日職二軍的成績單依舊很有期待感，攻擊指數高達 0.894，為全隊累積至少 100 打數球員中最優秀。由於中華隊外野缺乏砲手，也寄望王柏融重拾砲轟則本昂大和山本由伸的身手。2017 年經典賽因桃猿拒絕支援而錯過，今年初嚐最頂級國際賽舞台，但值得關注的是 2019 年世界 12 強棒球賽遭遇不小低潮，21 打數僅敲 3 支一壘安打，苦吞 9 次三振，打擊率僅 1 成 43，這次要藉由 WBC 雪恥再度證明自我。

現任球員工會理事長陳傑憲，生涯打擊率 3 成 49 高居中職歷史打擊排行榜第一，將是開路先鋒不二人選。他在 2020 年正式固定守外野後，經過 3 年磨練也於去年開花結果，270 次守備機會居聯盟第三、11 次助殺則高居第二，守備範圍和臂力的進步有目共睹，並於中外野防區進帳生涯首座金手套。外號「四爺」的他，準備首次接受一級國際賽洗禮，但必須先克服生涯 3 月打擊率最低（2 成 50）的慢熱難關。

連續 2 年橫掃中職外野金手套和最佳十人，郭天信證明自己是中職最佳外野手之一，也難怪第一次成棒國際賽體驗就挑戰最高等級的經典賽。由於林子偉和林立都有守外野的空間，「天哥」可望扮演替補角色，擁有中職最佳守備範圍及外野阻殺臂力，守備不會是問題，另外兼顧不俗擊球能力和速度，對於比賽的後段作戰也有幫助。在母隊師父張建銘入選教練團下，天哥盼能繼承「火哥」往昔棒打外國人的「大賽屬性」，從板凳一路打到先發，讓球迷見證「火哥接班人」的誕生。

號稱「中職最速男」的陳晨威在主打速度戰的中華隊是有趣的存在，剛進職棒時僅能運用本身速度盜壘，去年受日籍跑壘教練引導，解讀投手動作而讓盜壘能力進步不少，以高達 8 成 4 的盜壘成功率奪下第二座盜壘王，預料在非搶 1 分不可的關鍵時刻將派上用場。如今的陳晨威不再只是個速度飛快的選手，上季攻守全面進化，更在臺灣大賽勇奪優秀球員獎，大場面表現有目共睹。日本隊在 2019 年世界 12 強棒球賽示範專職代跑有搞頭，陳晨威也要扮演速度戰的秘密武器。

成晉是外野陣容最大黑馬，生涯尚未獲得個人獎項肯定，卻因致力於「團隊野球」以及唯一正職外野右打等特質脫穎而出。去年跑出聯盟第三多的 23 盜，另有傲視聯盟的 25 次犧牲短打，締造罕見的另類「20-20」，且就算落實不少無形貢獻的團隊打擊，個人打擊率仍高達 3 成 16。守備部分去年在外野 3 個位置都有先發紀錄，替補上陣守外野將不受限。環顧中華隊正職外野手王柏融、陳傑憲、郭天信和陳晨威都是左打，成晉上季對戰左投更有 3 成 47 的高打擊率，彌補外野呈現「極左」的現象。

高宇杰近年未進帳捕手個人獎項，去年還被洋捕福來喜擠成二號捕手，但在 2019 年世界 12 強搭配張奕封鎖南韓，還從金廣鉉手中敲進勝利打點，另在 2021 年臺灣大賽也扮演主戰冠軍捕手，大舞台的表現令人有目共睹。「小高」雖然在中職尚未拿過金手套獎，卻擁有聯盟頂尖臂力，加上兄弟投手特別會看管跑壘，前年盜壘阻殺率逼近 5 成，相當驚人。上季跟在福來喜一旁學習精簡球數式配球，WBC 限制球數的戰場是試驗場，今年球季要奪回主戰捕手，得從經典賽做起。

#65 高宇杰 捕手 中信兄弟

Kao Yu Chieh

#4 吉力吉撈・鞏冠

Giljegiljaw KungKuan

捕手　味全龍

吉力吉撈回臺灣秀出美式球風，打破味全隊史最快 10 轟（41 場）紀錄，去年砲管全面升級，出賽 88 場就敲 14 轟勇奪首座全壘打王，在缺乏右打重砲的中華隊扮演要角。有趣的是 2013 年經典賽時，吉力吉撈曾擔任牛棚捕手角色，幫郭泓志、王建民等人練投接捕，今年是第一次有機會自己參與。然而上季他的盜壘阻殺率低迷，蹲捕時也會影響攻擊火力，在中華隊以指定打擊身份出擊機會大，並預期在陳俊秀、林智勝等人缺陣之下肩扛右打長程砲手的重任。

林岱安是近年來中職守備最好的捕手之一，從 2019 年單靠盜壘阻殺率戴上金手套，到 2020 年改變想法，不過度美化阻殺數據，從投補默契和配球下功夫，深獲洋將信任，跟獅隊前王牌布雷克連續搭配 33 場比賽，靠隱形數據於 2021 年擊敗高宇杰，再奪一座金手套。可惜去年當上統一獅隊長後攻守都走鐘，在生涯大低潮的狀態下進入國家隊，不過他曾於 2019 世界年 12 強棒球賽入選後被割愛，今年能搶進經典賽跟宿敵高宇杰分攤捕手戰力應能激發鬥志，林岱安要在經典賽證明去年低潮只是偶然。

#31 林岱安 捕手 統一 7-ELEVEn 獅

Lin Dai An

年僅 22 歲的江坤宇完成游擊金手套 3 連霸，更寫下史上百場出賽游擊最少失誤（12 次）的紀錄，豎立全中職守備最好球員的招牌。在講究守位多功能性的國際賽，他是中華隊少數以單一守位入選的球員，且位置是多名旅美好手可鎮守的游擊，足見其防守評價為跨國級好評。此外，「小可愛」打擊方面亦有十足成長，去年扛出兄弟僅次於陳子豪的 6 轟，並維持中職最不容易被三振的特質，也能貢獻配合團隊的戰術打擊。身為 2000 年後出生的新世代野手最佳代表，江坤宇在攻守兩端皆令人高度期待。

來源：西武獅隊

旅日打拚多年，吳念庭近年擺脫二軍生活，在球星如雲的西武內野取得一席之地，實屬不易，2021 年更打響「得點圈之鬼」的名號。去年打擊數據雖然全面下滑，得點圈擊球反倒成長、打擊率高達 2 成 92，壘上有人時的大顆心臟以及出色的「選球眼」是最大賣點。守備部分，他在一、二、三游和外野都有先發經驗，其中以一壘防區最多，預料是中華隊先發一壘手候選。有趣的是，他跟日本共生高校學長陳傑憲首度共同披上國手戰袍，不容易被三振的「雙箭頭」將帶來一定的破壞力。

張育成這名旅美好手宣布披上 CT 戰袍，對中華隊內野戰力堪稱全面提升。他是陣中唯一去年打過大聯盟的選手，即使輾轉 4 支球隊仍是層級最高者，且保有臺灣選手在大聯盟最多的 104 支安打、14 發全壘打，以及 61 分打點等多項紀錄。今年滿 27 歲的他正值職業選手巔峰年紀，且季後將迎來生涯首次的薪資仲裁權利，期望從經典賽出發打回大聯盟，預定在中華隊會先扮演主力二壘手角色並扛下中心打線。

來源：中華棒協

早在去年 9 月鉡總致電詢問意願，林子偉就欣然接受邀請。去年他中斷連續 5 年大聯盟出賽紀錄，首度短暫脫離美職體系投靠獨立聯盟，處於旅美生涯最低點，但季後轉戰澳洲職棒證明打擊身手仍在，出賽 25 場敲 4 轟，攻擊指數高達 1.000，將是中華隊不可欠缺的火力來源。他在美職只差一壘沒守過，其他位置都有經驗，為了增加臺灣隊火力有機會先從外野試水溫，均衡內、外野旅外戰力。今年或許是林子偉追逐美國夢的最後一次機會，盼從經典賽奮起，迎接好的開始。

2021 年接任兄弟隊長後，王威晨率隊打出睽違 20 年的 2 連霸，有著帳面數據無法解釋的領袖氣息，加上預賽又在兄弟主場洲際開戰，由他擔綱新任「臺灣隊長」再適合不過。上季因傷導致各項數據不如過往，但在臺灣大賽傷癒歸隊打擊率高達 4 成 29，生涯總冠軍賽 5 度出賽，每次打擊率都不低於 3 成，2019 年世界 12 強棒球賽更獲頒最佳三壘手，無疑是為大舞台而生的「大賽男」。當王威晨站在洲際的三壘防區，就是常勝軍的象徵。

出身 2019 年 U18 世界盃冠軍世代，年僅 21 歲的鄭宗哲是全隊最年輕野手，他是旅外軍團第一位參加中華隊集訓的選手，且從第一天練到最後一天，足以窺見擁有超齡的自律性。而他從國中才接受棒球科班訓練，短短 10 年已是一級國家隊一員，連教練彭政閔都直呼非常佩服。鄭宗哲不僅是正統游擊底，速度也飛快無比，上季在 1A 有 33 次盜壘成功、僅 6 次失敗，「選球眼」同樣出色，可望扮演板凳中好用的替補內野手，甚至能和中職最強游擊江坤宇拚搶先發，在國人前綻放天賦。

范國宸去年在一壘擊倒許基宏和陳俊秀兩座高牆，雙雙拿下最佳十人和金手套兩項大獎，也升任新一代富邦隊長，在中華隊跟王威晨、江坤宇都是少數單一守位球員，又是特別強調打擊的一壘，足見均衡的攻守受信任，而身為右打的他，也搭配先發左打一壘手吳念庭展現調度彈性。今年中華隊名單中，范國宸是少數具備中長程火力的右打，預料伺機代打，比較需要關注的數據是去年對左投其實打不好、打擊率僅 1 成 92，跟對戰右投的 3 成 14 有不小落差，右打優勢能否發揮仍待觀察。

去年中職最有價值球員，林立上季僅差全壘打王獎項便可達陣傳統打擊三冠王殊榮，堪稱目前全中職最令投手頭痛的打者，著名的廣角打法連日本隊前監督稻葉篤紀都曾關注。然而，林立上季回歸二壘守備並不出色，失誤率偏高，特別是臺灣大賽 4 戰就發生 3 次失誤，而本屆中華隊內野好手爆滿，張育成將卡位二壘，若林立要排進先發只能轉守外野或擔任指定打擊，考驗教練團調度能力。如果林立和林子偉都能頂上外野，「攻擊隊形」的破壞力應當不小。

2023 年第五屆世界棒球經典賽分組賽
A 組賽程一覽
2023 World Baseball Classic POOL A GAME SCHDULE

中華臺北 / 荷蘭 / 古巴 / 義大利 / 巴拿馬

主球場：臺中洲際棒球場（以下為臺灣時間）　出賽日期：3/8 ～ 3/12

2023/3/8（三）

12:00 PM GAME1

🇨🇺	古巴
🇳🇱	荷蘭

07:00 PM GAME2

🇵🇦	巴拿馬
🇹🇼	中華臺北

2023/3/9（四）

12:00 PM GAME3

🇵🇦	巴拿馬
🇳🇱	荷蘭

07:00 PM GAME4

🇮🇹	義大利
🇨🇺	古巴

2023/3/10（五）

12:30 PM GAME5

🇨🇺	古巴
🇵🇦	巴拿馬

07:00 PM GAME6

🇮🇹	義大利
🇹🇼	中華臺北

2023/3/11（六）

12:00 PM GAME7

🇵🇦	巴拿馬
🇮🇹	義大利

07:00 PM GAME8

🇳🇱	荷蘭
🇹🇼	中華臺北

2023/3/12（日）

12:00 PM GAME9

🇹🇼	中華臺北
🇨🇺	古巴

07:00 PM GAME10

🇳🇱	荷蘭
🇮🇹	義大利

文／陳夏天

Cuba

古巴

國家基本資料

主要語言	西班牙語
首都	哈瓦那
人口	11,113,215
國土面積	109,884KM²
貨幣	古巴披索

歷屆 WBC 參賽戰績

2006 年｜第一屆
亞軍

2009 年｜第二屆
八強賽／第二輪

2013 年｜第三屆
八強賽／第二輪

2017 年｜第四屆
八強賽／第二輪

主力投手陣容

先發	R. Elias、Y. Yera、E. Leyva、R. Bolanos
中繼	Y. Reyes、O. Garcia、C. Viera、L. Romero、Y. Rodriguez
終結者	R. Martinez、L. Moinelo

教練團

職稱	姓名
總教練	Armando Johnson
板凳教練	German Mesa
打擊教練	Orestes Kindelan
投手教練	Pedro Lazo
一壘教練	Armando Ferrer
三壘教練	Rafael Munoz

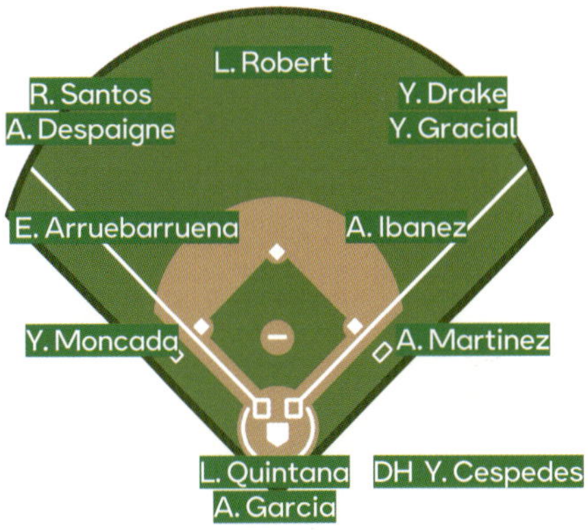

紅色閃電威名不再 投手接力打線蠶食

過去幾年由於大量叛逃，古巴這塊棒球金字招牌在大型賽事早已成為「叫好不叫座」代表。但或許有鑑於「國力」衰退，本屆古巴棒協也破天荒徵召 7 名大聯盟選手，但即便如此仍舊不願邀請曾在國際賽期間叛逃的球員回鍋，因此包含 Aroldis Chapman、Yuli Gurriel 等知名球員都未出現在名單上。

但多了幾名最高殿堂選手助拳，和過往相比陣容仍獲得一定提升，包括新加入的白襪重炮 Yoan Moncada 和同隊強打外野手 Luis Robert 預計皆能給打線填充火藥，配合上國家隊老班底，包括拿過日本職棒洋聯全壘打和打點王的 Alfredo Despaigne、曾加盟日職羅德的老將 Roel Santos 等人，儘管不再有棒棒開花的威壓，但幾支棒子排在一齊仍能維持一定進攻基本盤。

後段打序中，游擊手 Erisbel Arruebarrena 是內野頂尖防守者，但他在攻擊方面的效益稍嫌不足；Andy Ibanez 也同樣偏守備組，打擊面恐難以有所建樹；日職培育出來的能蹲能打的全能工具人 Ariel Martinez 則有機會扮演埋伏後段的殺手。至於外界特別點名的前大聯盟強打 Yoenis Cespedes 過去幾年消失在棒壇，僅於多明尼加聯盟留下少許出賽紀錄，剩多少炮火似乎還有待觀察。綜觀來看，進攻端想與頂尖強權一拚較勁，核心棒次外打者必須敲出貢獻，否則現下縱然有幾名大聯盟強棒恐怕也孤掌難鳴。

打擊難有爆破量能，一般預料會是緊咬比分的拉鋸戰偏多，好在投手群多是會玩球的老球皮，包含 Yoanni Yera、Elian Leyva 皆是球路多變、善於和打者周旋打心理戰的資深戰將。得利於經典賽用球數限制，反而有助古巴以車輪戰調度、並於局與局之間推派出最合適人選，最後銜接給縱向球路相當犀利的佈局投手 Yariel Rodriguez 和另兩名於日本職棒大殺四方、防禦率都在 1 字頭上下的守護神 Livan Moinelo、Raidel Martinez 牢牢鎖住勝局。帳面上來看雖然缺乏鎮壓全場的王牌先發，但若參考過去古巴在國際賽上的調度，多樣化的投手接力也能被視為另一種面向的難纏。

Yoan Moncada

去年戰績：打擊率 0.212、12 轟、51 打點、OPS 0.626

從過去被封為白襪未來之星的超級大物，再到經歷大聯盟最高殿堂震撼教育、繳出大量的「K」為學費後，逐漸建立起屬於自己的揮棒機制，2019 年終將天賦轉換為實績，證明能打能跑又能轟的身手貨真價實。

但過去兩個球季，Moncada 大好大壞的表現卻又開始讓白襪球迷如洗三溫暖，即使選球能力維持一定水平，但球數落後容易上當的問題在去年被無限放大、兩好球後打擊率僅 1 成上下，成為其最大致命傷。考慮到前一季該情境下打擊率仍高出 50%，我們可以樂觀期待調整後的 Moncada 重新找回打擊紀律。預期會扛起古巴中心打線一席的他，勢必也得在國際賽一翻兩瞪眼的關鍵場面保持冷靜，才有機會穩穩建功。

Roenis Elias

去年戰績：出賽 7 場、防禦率 3.52、6K

離開家鄉前沒沒無聞，據傳叛逃搭了 30 小時船才到墨西哥、隨後展開大聯盟夢想征戰的 Roenis Elias，如今披上過去從未穿過的國家隊戰袍，可以想見是格外熱血充滿鬥志。

均速可達 150 公里的左投，放在國際賽事絕對會是針對性調度的一枚活棋，特別是 Elias 在大聯盟無論先發還是後援都有著一定出賽經驗，唯生涯對戰左打成績不如右打，慣用手理論和實際狀況會成為教練團考量重點。但擅用滑球加上變速球混淆打者，K 功於大聯盟水準上下的他仍會是拆炸彈時得以倚賴的理想之兵，即便去年沉浮於大、小聯盟，但近期在多明尼冬季聯盟狀態不錯，短局數應該還是能期待有著出色發揮。

Luis Robert

去年戰績：打擊率 0.284、12 轟、56 打點、11 盜、OPS 0.746

生涯榮譽：金手套

曾是百大新秀前 5 強的 Robert 已然成為白襪新時代最重要基石，攻擊面表現幾乎無可挑剔，完美的運動能力注入球技之中，造就揮棒速度極佳、壘間破壞力極強的攻擊風格，且既能依循古巴選手強烈擊球的慾望本能，又能保持冷靜與判斷力，依其攻擊變化球之優越能力去作出最適合當下的選擇，而非一昧猛揮大棒只想把球掄出牆外。

同時 Robert 的防守能力亦能幫國家隊築起一面外野高牆，頂級的速度、寬闊的範圍及雷射肩加持，可望讓古巴有著固若金湯的中外野防區，無論攻守兩端球隊都寄予厚望，能否直接複製大聯盟身手，對球隊想要衝擊賽事後段肯定至關重大。

Andy Ibanez

去年戰績：打擊率 0.218、1 轟、9 打點、OPS 0.551

過去幾年在小聯盟虎虎生風但始終無法有效將能量轉換到大聯盟賽場的 Ibanez 預期會是此屆賽會中古巴最重要的內野活棋。即便面對高階投手時有卡彈風險，但考慮到曾在 3A 繳出過 3/4/6 恐怖的打擊三圍，放在後段打序仍具機會扮演破壞王角色，遑論面對水平較普通的投手時有望補刀、串連起攻擊火網。更重要的是他內野所有守位皆可勝任，且擁有躺著都能準確傳球到位的運動能力，防守評價雖稱不上頂尖，但起碼能拓寬內野防線的廣度與深度。

姓名	出生	投／打	2022 年效力
投手			
Roenis Elias	1988.08.01	左／左	MLB 西雅圖水手
Ronald Bolanos	1996.08.23	右／右	MLB 堪薩斯市皇家
Livan Moinelo	1995.12.08	左／左	日職福岡軟銀鷹
Raidel Martinez	1996.10.11	右／左	日職中日龍
Yariel Rodriguez	1997.03.10	右／右	日職中日龍
Frank Alvarez	1999.01.16	右／右	日職中日龍
Carlos Viera	1988.12.06	右／右	墨西哥聯盟
Elian Leyva	1989.03.17	右／右	墨西哥聯盟
Yoenni Yera	1989.10.18	左／左	墨西哥聯盟
Miguel Romero	1994.04.23	右／右	奧克蘭運動家 3A
Onelki Garcia	1989.08.02	左／左	墨西哥聯盟
Yeudis Reyes	1995.11.17	右／右	古巴聯賽
Naikel Cruz	1999.09.29	左／左	古巴聯賽
Jose Rodriguez	1992.08.18	右／右	古巴聯賽
捕手			
Lorenzo Quintana	1989.03.01	右／右	邁阿密馬林魚 3A
Andrys Perez Garcia	2001.09.02	右／右	古巴聯賽
內野手			
Yoan Moncada	1995.05.27	右／兩	MLB 芝加哥白襪
Andy Ibanez	1993.04.03	右／右	MLB 德州遊騎兵
Ariel Martinez	1996.05.28	右／右	日職中日龍
Erisbel Arruebarrena	1990.03.25	右／右	古巴聯賽
Luis Mateo	1996.01.19	右／右	古巴聯賽
Yadil Mujica	1985.01.01	右／左	古巴聯賽
Dayan Garcia	1987.06.16	右／右	古巴聯賽
外野手			
Luis Robert	1997.08.03	右／右	MLB 芝加哥白襪
Alfredo Despaigne	1986.06.17	右／右	日職福岡軟銀鷹
Roel Santos	1987.09.15	左／左	墨西哥聯盟
Yadir Drake	1990.04.12	右／右	墨西哥聯盟
Yoenis Cespedes	1985.10.18	右／右	冬季聯盟
Yoelkis Guibert	1994.08.29	左／左	古巴聯賽
Yurisbel Gracial	1985.10.14	右／右	日職福岡軟銀鷹

Chinese Taipei
中華臺北

文／Jerry Gong

國家基本資料

主要語言	國語、台語、客家語
首都	臺北市
人口	23,894,394
國土面積	36,197 KM²
貨幣	新台幣

歷屆 WBC 參賽戰績

2006 年	第一屆	分組賽／第一輪
2009 年	第二屆	分組賽／第一輪
2013 年	第三屆	八強賽／第二輪
2017 年	第四屆	分組賽／第一輪

教練團

70 總教練
林岳平 1982.01.28

34 首席教練
高志綱 1981.02.07

23 打擊教練
彭政閔 1978.08.06

91 打擊教練
曾豪駒 1979.11.27

40 投手教練
王建民 1980.03.31

00 投手教練
許銘傑 1976.12.01

13 內野守備兼跑壘教練
陳江和 1982.01.15

66 外野守備兼跑壘教練
張建銘 1980.07.27

7 體能教練
劉品辰 1981.06.18

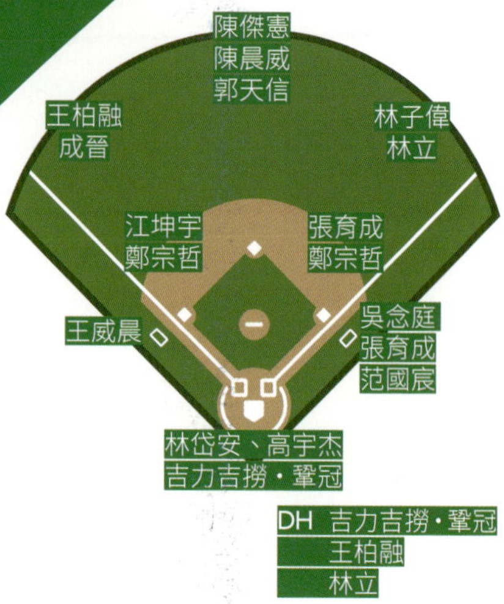

先發	江少慶、鄧愷威、胡智爲、王維中
中繼	呂彥青、曾峻岳、李振昌、陳冠偉
終結者	宋家豪

最強內野當投捕後盾 拚複賽要靠細膩度

中華隊教練團年輕化，球員組成亦迎接巨幅世代交替，僅宋家豪、陳冠宇和江少慶打過上屆經典賽，野手全是新面孔，2019 年世界 12 強賽的陣容也只有高宇杰、王威晨、林立和王柏融入列。陣中選手大賽經驗有限，林子偉、張育成和吳念庭將扮演重要保險，3 大旅外野手都能守中線更提供至少 3 個守位，陣容更替具備彈性。

內野有「旅美幫」大力助陣，再由全中職守備最好的江坤宇坐鎮游擊，搭配 12 強最佳三壘手的隊長王威晨，戰力可說是隊史最好等級。唯獨需要大棒子的外野陣容，反而是陳傑憲、陳晨威等速度安打型球員居多，若要組織攻擊隊形，林立和林子偉須調至外野支援，舒緩「外野無砲手」的問題。

先發輪值由「海歸、旅外幫」組成，江少慶和張奕曾在 12 強組成雙王牌，如今張奕因傷辭退，去年低潮的江少慶需扛起王牌重擔，其他 2 名投手鄧愷威和王維中尚未在國際賽證明過身手，限制球數下能否拉長局數有待觀察。由於輪值戰力不確定性高，黃子鵬等第二先發角色顯得重要；牛棚方面，最後一道防線有多年日職佈局經驗的宋家豪坐鎮，相較往年令人安心不少。

捕手是另外一個隱憂，中職最好的兩位捕手高宇杰和林岱安上季都遭遇低潮，攻守不如過往；吉力吉撈・鞏冠固然是備位，但是被盜壘問題會帶給投手負擔，同時影響自身打擊火力，以指定打擊上陣機會較大。

中華隊有堅實內野守備為投手帶來安心感，唯獨主力投捕去年都不是最佳狀態，迎接季前開打的國際賽要看調整功力。依照團隊打者特性來看，速度、戰術和連續安打將是攻擊主軸。在對方投手強度大的經典賽中串聯火力攻大局難度不小，須靠細膩度突破大聯盟軍團才有機會晉級複賽。

POOL A

註：所屬球隊為上季效力隊伍

17 投手 左投左打 **陳冠宇**
中職樂天桃猿
1990.10.29 生
178cm 80kg

93 投手 右投右打 **吳哲源**
中職中信兄弟
1994.08.12 生
175cm 68kg

15 投手 左投左打 **呂彥青**
中職中信兄弟
1996.03.10 生
175cm 65kg

71 投手 右投右打 **江少慶**
中職富邦悍將
1993.11.10 生
183cm 94kg

16 投手 左投左打 **王維中**
中職味全龍
1992.04.25 生
188cm 83kg

29 投手 右投右打 **鄧愷威**
舊金山巨人 2A
1998.12.01 生
193cm 117kg

43 投手 右投左打 **宋家豪**
日職樂天金鷲
1992.09.06 生
185cm 92kg

32 投手 右投右打 **陳禹勳**
中職樂天桃猿
1989.05.20 生
182cm 83kg

69 投手 右投左打 **黃子鵬**
中職樂天桃猿
1994.03.19 生
183cm 80kg

21 投手 右投右打 **李振昌**
中職中信兄弟
1986.10.21 生
180cm 87kg

60 投手 右投右打 **曾峻岳**
中職富邦悍將
2001.11.07 生
174cm 68kg

81 投手 左投左打 **陳仕朋**
中職富邦悍將
1997.09.20 生
179cm 79kg

59 投手 右投右打 **陳冠偉**
中職味全龍
1996.10.28 生
183cm 92kg

58 投手 右投右打 **胡智爲**
中職統一獅
1993.11.04 生
182cm 90kg

65 捕手 右投右打 **高宇杰**
中職中信兄弟
1997.07.17 生
184cm 88kg

4 捕手 右投右打 **吉力吉撈‧鞏冠**
中職味全龍
1994.03.13 生
180cm 104kg

31 捕手 右投右打 **林岱安**
中職統一獅
1992.06.23 生
175cm 90kg

83 內野手 右投右打 **林立**
中職樂天桃猿
1996.01.01 生
182cm 86kg

90 內野手 右投右打 **江坤宇**
中職中信兄弟
2000.07.04 生
175cm 72kg

46 內野手 右投右打 **范國宸**
中職富邦悍將
1994.11.25 生
183cm 88kg

39 內野手 右投左打 **吳念庭**
日職西武獅
1993.06.07 生
178cm 80kg

18 內野手 右投右打 **張育成**
MLB 波士頓紅襪
1995.08.18 生
185cm 81kg

6 內野手 右投左打 **王威晨**
中職中信兄弟
1991.07.03 生
183cm 75kg

1 內野手 右投左打 **鄭宗哲**
匹茲堡海盜隊 1A
2001.07.26 生
170cm 69kg

5 內野手 右投左打 **林子偉**
紐約大都會 3A
1994.02.15 生
175cm 81kg

35 外野手 右投右打 **成晉**
中職樂天桃猿
1998.11.13 生
184cm 90kg

12 外野手 右投左打 **陳晨威**
中職樂天桃猿
1997.12.12 生
180cm 72kg

2 外野手 右投左打 **郭天信**
中職味全龍
2000.04.15 生
173cm 70kg

24 外野手 右投左打 **陳傑憲**
中職統一獅
1994.01.07 生
173cm 73kg

9 外野手 右投左打 **王柏融**
日職日本火腿鬥士
1993.09.09 生
182cm 91kg

照片來源：悍創行銷、西武獅（吳念庭）、達志影像（鄧愷威、張育成、林子偉、王柏融）

Netherlands

荷蘭

文／陳夏天

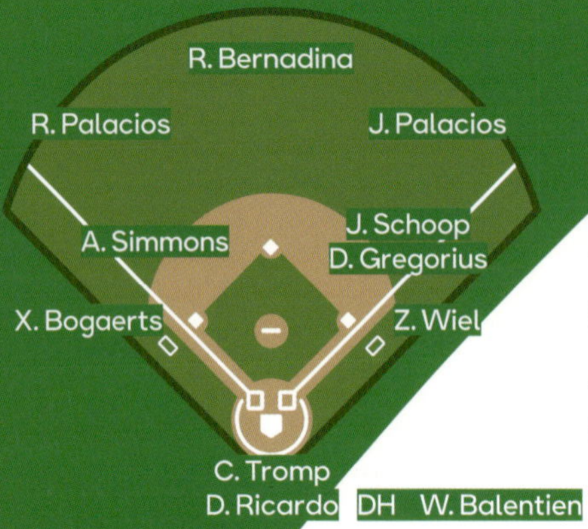

國家基本資料

主要語言	荷蘭語
首都	阿姆斯特丹
人口	17,778,200
國土面積	41,850KM²
貨幣	歐元、美元

歷屆 WBC 參賽戰績

2006 年｜第一屆
分組賽／第一輪

2009 年｜第二屆
八強賽／第二輪

2013 年｜第三屆
四強賽／第三輪

2017 年｜第四屆
四強賽／第三輪

主力投手陣容	
先發	S. Martis、L. Huijer、J. Sulbaren、T. Blok
中繼	J. Estanista、F. Gurp、D. West
終結者	P. Strop

教練團	
職稱	姓名
總教練	Hensley Meulens
板凳教練	Audruw Jones
打擊教練	Tjerk Smeets
投手教練	Bert Blyeven
一壘教練	Gene Kingsale
三壘教練	Ben Thijssen

橘色軍團老矣，衝擊賽事端看投手能否扛硬戰

源源不絕的炮火一直是投弱打強的荷蘭躋身強隊之林最大本錢，但就算能產出十足動力、這座橘色風車也不免要汰換零件，打線同樣得面臨換血。老班底諸如 Wladimir Balentien 已近不惑，幾名擁有大聯盟資歷像 Didi Gregorius、Andrelton Simmons 等老面孔也都告別全盛風光，失去當年一字排開、群星薈萃給人的威壓。

攻擊火力重任預計將落在剛與教士簽下鉅約的 Xander Bogaerts 身上，若前段棒次能維持高檔，有更多好球可打的他將成為各國投手夢魘，也因此可能肩負中心打線任務的 Balentien 和去年身陷低潮的 Jonathan Schoop 的表現便格外重要，關係到整條攻擊線的火力串聯。後段棒次中包含兄弟檔 Richie Palacios、Joshua Palacios 和效力過中職 Lamigo 桃猿的 Roger Bernadina，和曾於洲際盃用再見轟一棒擊沉中華隊的 Gregorius 都可能先發。但幾名老將遭質疑可能衰退，打線頭重腳輕的問題仍可能下修攻擊績效。

相較打線有實力沒把握，投手群則是荷蘭最頭痛一環。蜀中無大將，近年早已離開主流聯賽、回歸歐洲棒壇的 Shairon Martis 或許只能作先鋒，即便大賽經歷豐富，但球速大幅下滑、這幾年更缺少和頂尖打者對決機會，實力剩幾成猶待考驗。其餘先發人選也有類似狀況，如 Lars Huijer、Jair Jurrjens 有過不錯征戰資歷，但都已轉戰荷蘭聯賽或中南美戰場，屆時採取車輪戰應是可預見的作戰模式。

倘若先發能避免大量失血，由大聯盟勝利組經驗豐富的 Kenley Jansen、Pedro Strop 所把關的牛棚尚能一拚。但兩人都不參與預賽，Jansen 甚至要球隊進四強才會報到，也因此參考 4 年前世界 12 強棒球賽和本屆預賽相似的後援陣容，當時在強度較經典賽低的 3 場預賽中就痛失 33 分，實難報以太樂觀想法。整體來看投打皆有銜接問題，即使火力不缺，但輪值陣沒有真正讓人百分百信賴的強投，如欲搶進複賽，幾名老將復甦或年輕小將的奮起將不可或缺。

Jonathan Schoop

Xander Bogaerts

焦點球星

Xander Bogaerts

去年戰績： 打擊率 0.307、15 轟、73 打點、OPS 0.833

生涯榮譽： 明星賽 x4、銀棒獎 x5

曾四度入選大聯盟明星賽，憑藉穩定廣角打擊闖蕩江湖的 Xander Bogaerts 近年來成為最穩定的安打製造機，近 5 季累積 726 支安打高居聯盟第七、400 分打點則是第 11，整體攻守貢獻也搶進前 15 強，今年季前教士隊願意砸 11 年天價合約簽下他更證明實力值得最頂級禮遇。身為罕有三、游強棒，Bogaerts 不只打擊無死角、能推能拉不易被三振，在壘間也具備一定的速度與機動性，防守方面則堪稱銅牆鐵壁。說的誇張一點，有他或無他的荷蘭隊檔次直接差一個等級，就怕屆時缺乏隊友保護、能攻擊的好球寥寥可數，只能無奈地被保送上壘…。

Jonathan Schoop

去年戰績： 打擊率 0.202、11 轟、38 打點、OPS 0.561

生涯榮譽： 明星賽

去年身陷大低潮，引以為傲的長程火力消失一大半。大好大壞、攻擊欲望旺盛，容易連續吞 K、但發飆時又能砲聲隆隆的特性一直是 Schoop 例行賽長期征戰時必須克服的問題。若以守位來看，有長打砲火的二壘手屬稀有品種，往往能得到較多時間調整並重回軌道，也因此在短期國際賽中該如何讓狀況迅速到位，預期將扛起中心打線的他勢必左右火力串聯。好在過往身披橘色戰袍時總能發揮強打本色、還曾從日本隊名投石川步手中開轟等實績證明下，仍期待已是老手的他不會令祖國失望。

姓名	出生	投／打	2022 年效力
投手			
Mike Bolsenbroek	1987.03.11	右／右	未出賽
Tom de Blok	1996.05.08	右／右	未出賽
Jaydenn Estanista	2001.10.03	右／右	費城費城人 Rk
Dylan Farley	2001.12.26	左／左	荷蘭聯賽
Wendell Floranus	1995.04.16	右／右	墨西哥聯盟
Lars Huijer	1993.09.22	右／右	荷蘭聯賽
Ryan Huntington	1996.08.25	左／右	荷蘭聯賽
Kanley Jansen	1987.09.30	右／兩	MLB 亞特蘭大勇士
Jair Jurrjens	1986.01.29	右／右	墨西哥聯盟
Antwone Kelly	2003.09.01	右／右	匹茲堡海盜 Rk
Kevin Kelly	1990.05.27	右／右	荷蘭聯賽
Shairon Martis	1987.03.30	右／右	荷蘭聯賽
Eric Mendez	1999.12.03	右／右	亞歷桑納響尾蛇 1A
Pedro Strop	1985.06.13	右／右	冬季聯盟
Juan Carlos Sulbaran	1989.11.09	右／右	荷蘭聯賽
Franklin Van Gurp	1995.10.26	右／右	獨立聯盟
Derek West	1996.12.02	右／右	休士頓太空人 2A
捕手			
Sicnarf Loopstok	1993.04.26	右／右	荷蘭聯賽
Dashenko Ricardo	1990.03.01	右／右	荷蘭聯賽
Chadwick Tromp	1995.03.21	右／右	MLB 亞特蘭大勇士
內野手			
Xander Bogaerts	1992.10.01	右／右	MLB 波士頓紅襪
Didi Gregorius	1990.02.18	右／左	MLB 費城費城人
Juremi Profar	1996.01.30	右／右	墨西哥聯盟
Jonathan Schoop	1991.10.16	右／右	MLB 底特律老虎
Andrelton Simmons	1989.09.04	右／右	MLB 芝加哥小熊
Zander Wiel	1993.01.11	右／右	獨立聯盟
外野手			
Wladimir Balentien	1984.07.02	右／右	墨西哥聯盟
Roger Bernadina	1984.06.12	左／左	荷蘭聯賽
Ray-Patrick Didder	1994.10.01	右／右	邁阿密馬林魚 3A
Josh Palacios	1995.07.30	右／左	MLB 華盛頓國民
Richie Palacios	1997.05.16	右／左	MLB 克里夫蘭守護者

候補選手：Dennis Burgersdijk、Jiorgeny Casimiri、Aaron de Groot、Arij Fransen、Scott Prins、Dwayne Kemp、Sharlon Schoop

Italy
義大利

文／Kumi

國家基本資料

主要語言	義大利語
首都	羅馬
人口	59,097,904
國土面積	301,230KM^2
貨幣	歐元

歷屆 WBC 參賽戰績

2006 年｜第一屆
分組賽／第一輪

2009 年｜第二屆
分組賽／第一輪

2013 年｜第三屆
八強賽／第二輪

2017 年｜第四屆
分組賽／第一輪

主力投手陣容	
先發	M. Harvey、A. Pallante、S. Gaviglio
中繼	M. Stumpo、J. Marciano、J. Biagini
終結者	M. Festa

教練團

職稱	姓名
總教練	Mike Piazza
板凳教練	Blake Butera
投手教練	Michael Borzello
一壘教練	Jack Santora
牛棚教練	Jason Simontacchi
打擊教練	Chris Denorfia
教練	徐志維

名人堂主帥領軍 力求小組賽突圍

義大利隊此次由退役強打 Mike Piazza 領軍，這位名人堂傳奇捕手是第一屆經典賽的核心選手，第二屆也擔綱打擊教練，2019 年便接掌義大利國家隊兵符的他對於這項頂尖賽事並不陌生，相信穩定軍心應非問題；此外，來自臺灣的前海盜隊助理教練徐志維（Joe Hsu）也是教練團成員之一。

投手群中最大亮點莫過於「黑暗騎士」Matt Harvey，這位昔日明星強投去年整季都未在大聯盟出賽，經典賽若能證明寶刀未老，或許新賽季有望重返最高殿堂。一樣也在尋求機會的還有 32 歲右投 Sam Gaviglio，他曾在 2021 年效力韓國職棒，海外經驗有望在國際舞台派上用場。紅雀新人 Andre Pallante 去年迎來 MLB 初登板，靠著犀利滑球繳出不俗賽季，在母隊先發、後援兩頭跑的他有望成為這次輪值核心。

擁有 6 年 MLB 資歷的牛棚老將 Joe Biagini 將帶領年輕新秀構築後援防線，包括響尾蛇體系好手 Mitchell Stumpo 及巨人左投 Joey Marciano 都是在 3A 層級展現實力的剛腕，而藍鳥明星終結者 Jordan Romano 確定不會參賽後，守護神任務預計由水手牛棚大將 Matt Festa 扛起。

打線擁有更多令人期待之處，內野將由天使好手 David Fletcher 領軍，以高擊球率聞名的他預計扛起前段棒次，上壘後為球隊開啟攻勢。攻擊核心則當屬皇家新星 Vinnie Pasquantino，去年初登大聯盟就用球棒做了最好的自我介紹，砲火不容小覷。

距離大聯盟只差最後一哩路的響尾蛇 3A 新人 Dominic Fletcher 此次與哥哥攜手參賽，經典賽將是他證明自己準備完畢的最佳舞台。此外釀酒人首輪大物 Sal Frelick 去年在小聯盟連闖 3 個層級，展現絕佳潛力，也是打線不可忽略的危險人物。

天使資深捕手 Max Stassi 最後未能參賽，職位交給年輕世代接班，義大利罕見選進 4 名捕手，主戰捕手可望由上季全壘打超過雙位數的響尾蛇新秀 Dominic Miroglio 擔綱，Brett Sullivan 去年在教士隊 3A 除本壘後方外，內外野亦有出賽紀錄，可供靈活調度。

綜觀而言，A 組算是戰力較為平均的組別，義大利雖然投手群缺乏王牌壓陣，但由潛力新星為主組成的打線若能適時發揮，睽違一屆後再度取得複賽門票絕非空談。

焦點球星

David Fletcher

去年戰績：打擊率 0.255、2 轟、17 打點、OPS 0.621

生涯前期是工具人的 David Fletcher 靠著 2020 年縮水賽季的突出表現在天使隊二壘找到一席之位，最大特色便是擊球率高，幾乎任何位置的球都能被他碰進場內，在天使常常扮演靠巧打上壘的開路先鋒，更曾於 2021 年寫下連續 26 場安打的難得紀錄。去年賽季 Fletcher 因大小傷勢不斷僅出賽 61 場，攻擊指數寫下新低，新球季將力拚谷底反彈。由於母親在義大利出生而得以披上義國戰袍的他，預計在國家隊也會擔任前段棒次，有望在經典賽舞台證明自己已經找回健康時期的身手。

Vinnie Pasquantino

去年戰績：打擊率 0.295、10 轟、26 打點、OPS 0.832

2019 年第 11 輪選秀才獲得皇家隊青睞，Vinnie Pasquantino 在小聯盟僅待了一個完整球季，就在去年躍升大聯盟，成長速度堪稱驚人。皇家將 Carlos Santana 交易出去後就讓他初登場，他也沒有辜負球隊期待，大聯盟首安就是一發全壘打，且接下來在最高殿堂仍維持不俗選球眼，長打也有一定水準，整季攻擊指數冠居全隊。在春訓期間就被皇家傳奇球星 George Brett 封為義大利夢魇（Italian Nightmare）的 Pasquantino，還有誰比他更適合披上義國戰袍？相信初生之犢不畏虎的拚勁一定能為休息室注入必要的活力。

姓名	出生	投／打	2022 年效力
投手			
Joe Biagini	1990.05.29	右／右	多倫多藍鳥 3A
Ryan Castellani	1996.04.01	右／右	MLB 奧克蘭運動家
Nick Fanti	1996.12.30	左／左	未出賽
Matt Festa	1993.03.11	右／右	MLB 西雅圖水手
Sam Gaviglio	1990.05.22	右／右	洛杉磯道奇 3A
Matt Harvey	1989.03.27	右／右	巴爾的摩金鶯 3A
Joe LaSorsa	1998.04.29	左／左	坦帕灣光芒 2A
Braxton Lorenzini	1995.04.05	右／右	未出賽
Joey Marciano	1995.01.11	左／左	舊金山巨人 3A
Vinny Nittoli	1990.11.11	右／右	MLB 費城費城人
Andre Pallante	1998.09.18	右／右	MLB 聖路易紅雀
Nicolo Pinazzi	1999.10.25	左／左	辛辛那提紅人 1A
Claudio Scotti	1998.07.08	右／右	紐約大都會 Rk
Mitchell Stumpo	1996.06.17	右／右	亞歷桑納響尾蛇 3A
Vin Timpanelli	1998.10.02	右／右	辛辛那提紅人 2A
Michele Vassalotti	2000.08.02	右／右	密爾瓦基釀酒人 1A
Stephen Woods Jr.	1995.06.10	右／右	堪薩斯市皇家 3A
捕手			
Vito Friscia	1996.12.19	右／右	費城費城人 3A
Alberto Mineo	1994.07.23	右／左	義大利聯賽
Dominic Miroglio	1995.03.10	右／右	亞歷桑納響尾蛇 3A
Brett Sullivan	1994.02.22	右／左	聖地牙哥教士 3A
內野手			
David Fletcher	1994.05.31	右／右	MLB 洛杉磯天使
Robel Garcia	1993.03.28	右／兩	韓職 LG 雙子
Nicky Lopez	1995.03.13	右／左	MLB 堪薩斯市皇家
Miles Mastrobuoni	1995.10.31	右／左	MLB 坦帕灣光芒
Vinnie Pasquantino	1997.10.10	左／左	MLB 堪薩斯市皇家
John Valente	1995.06.23	右／右	底特律老虎 3A
外野手			
Ben DeLuzio	1994.08.09	右／右	MLB 聖路易紅雀
Dominic Fletcher	1997.09.02	左／左	亞歷桑納響尾蛇 3A
Sal Frelick	2000.04.19	右／左	密爾瓦基釀酒人 3A

候補投手：Vincenzo Aiello、Glenn Albanese Jr.、Alex Bassani、Matteo Bocchi、Tiago Da Silva、Alessandro Ercolani、Brian Marconi、Jeffrey Passantino

巴拿馬

文／Matt Chang

國家基本資料

主要語言	西班牙語
首都	巴拿馬市
人口	4,337,768
國土面積	75,417KM^2
貨幣	巴波亞、美金

歷屆 WBC 參賽戰績

2006 年	**第一屆**	分組賽／第一輪
2009 年	**第二屆**	分組賽／第一輪
2013 年	**第三屆**	未參賽
2017 年	**第四屆**	未參賽

主力投手陣容

先發	J. Barria、A. Jurado、C. Luna、J. Gonzalez、P. Espino
中繼	J. Lawernce、J. Guerra、M. Hardy
終結者	A. Baldonado

教練團

職稱	姓名
總教練	Luis Ortiz
板凳教練	Luis Caballero
投手教練	Enrique Burgos
投手教練	Wilfredo Cordoba
打擊教練	Victor Preciado

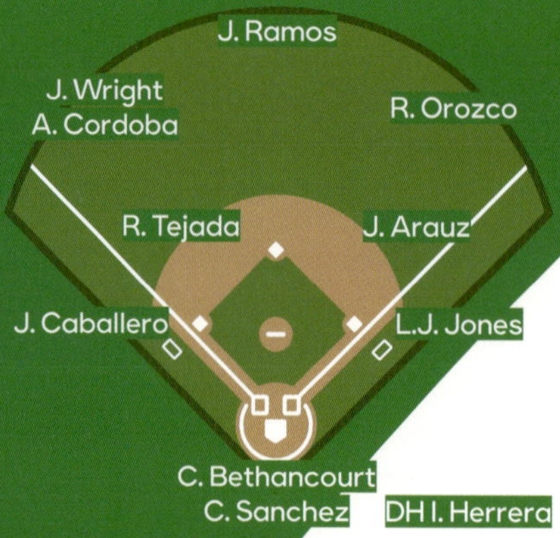

關鍵攪局者？

巴拿馬曾經出產過兩位名人堂球星 Rod Carew 和 Mariano Rivera，且在世界棒壘球總會的男子棒球最新積分排名位居第 12 名，雖然前一次參加經典賽已經是 2009 年的遙遠往事，現役也沒有拿得出手的大咖球星，不過誰說盲拳就不會不小心打死老師傅呢？

細數巴拿馬打線陣容組成，有 5 人有過大聯盟體系球隊資歷，能與大聯盟第一線沾上邊的只有 Christian Bethancourt，此人曾是大物新秀但始終沒有打出成績，一度流浪到海外討生活，上季重回 MLB 偶有佳作，特別是全壘打的部分。身處紅雀高階 1A 的菜鳥 L.J. Jones 值得注意，不僅當年選秀是在第 5 輪，上季整體 OPS 達 0.777，打擊頗具威脅。來自水手隊農場的 Jose Caballero 則是打線中另一位重要砲手，在有限的出賽時間裡於小聯盟貢獻超過 0.800 的 OPS，配合在道奇農場長打實力不錯的年輕野手 Jose Ramos，以上等人構成巴拿馬隊主要的火力來源。

投手陣容倒是巴拿馬容易被低估的部分，掛頭牌的 Jaime Barria 曾是天使隊主力輪值，因起伏過大而被轉任中繼，上季投出代表作防禦率僅 2.61，本就是先發底的他經典賽應該是教練團倚重的一位大將。Paolo Espino 同樣也會是主戰投手之一，過去兩季在國民隊先發中繼兩頭跑，成績尚可。另名輪值好手是 Carlos Luna，上季在釀酒人 2A 奮鬥中，三振能力不俗，帳面數據表現雖略為失常但整體球威不容小看。中繼後援部門同樣也有不錯戰力，Justin Lawrence 與 Javy Guerra 都是現役 MLB 牛棚投手，輔以釀酒人 3A 近況不錯的 Matt Hardy，基本人手也十分夠用了。

簡而言之，巴拿馬屬於投強打弱，整體戰力評價在同組裡頭明顯是落後給荷蘭與古巴，與義大利跟中華隊在伯仲之間，想要突破第一輪魔咒，看來需要很多好運或是臨場有選手爆氣演出，但要扮演稱職攪局者的能力仍難以小覷……。

Jaime Barria

焦點球星

Jaime Barria

去年戰績：3 勝 3 敗、防禦率 2.61、5 中繼、54K

登上大聯盟第一季就站穩天使隊輪值還拿下 10 勝，Barria 確實讓球迷印象深刻，可惜隔季開始撞牆陷入低潮，之後一直在大小聯盟之間遊走，直到上季定位被改為中繼才恢復水準並成為牛棚要角。Barria 球速偏慢，因此非常依賴滑球，甚至有時出手比例勝過速球，隨著變速球慢慢練出威力，也讓過往速球容易被鎖定攻擊的缺點得到改善。重新找回信心繳出生涯年數據的他將會是教練團拿來對付中華隊或義大利的人選。

Christian Bethancourt

去年戰績：打擊率 0.252、11 轟、34 打點、OPS 0.692

臂力驚人的 Bethancourt 小聯盟時期就以捕手身份入選過百大新秀，優異的阻殺能力是其招牌，可惜選球能力不佳揮空率過高，導致球涯發展可說是跌跌撞撞，25 歲正值起飛期就被迫離開大聯盟前往海外另起爐灶，因球技缺點未改發展同樣沒有特別亮眼，直到上季重回大聯盟並在重建中的運動家隊獲得上場機會。即使還是一樣球來就打、吞 K 是家常便飯，但無可否認的 Bethancourt 的長打砲火跟蹲捕價值是巴拿馬隊打線的兩大資產，還能分擔一壘守備，是不可忽視的核心人物。

姓名	出生	投／打	2022 年效力
投手			
Alberto Baldonado	1993.02.01	左／左	華盛頓國民 3A
Jaime Barria	1996.07.18	右／右	MLB 洛杉磯天使
Randall Delgado	1990.02.09	右／右	獨立聯盟
Paolo Espino	1987.01.10	右／右	MLB 華盛頓國民
Steven Fuentes	1997.05.04	右／右	華盛頓國民 2A
James Gonzalez	2000.09.15	左／左	奧克蘭運動家 A+
Severino Gonzalez	1992.09.28	右／右	墨西哥聯盟
Javy Guerra	1995.09.25	右／左	MLB 坦帕灣光芒
Alberto Guerrero	1997.12.13	右／右	華盛頓國民 2A
Matt Hardy	1995.07.15	右／左	密爾瓦基釀酒人 3A
Justin Lawrence	1994.11.25	右／右	MLB 科羅拉多落磯
Carlos Luna	1996.09.25	右／右	密爾瓦基釀酒人 2A
Humberto Mejia	1997.03.03	右／右	亞歷桑納響尾蛇 3A
Andy Otero	1992.06.03	左／左	密爾瓦基釀酒人 3A
Wilfredo Pereira	1999.04.26	右／右	聖路易紅雀 A+
捕手			
Christian Bethancourt	1991.09.02	右／右	MLB 坦帕灣光芒
Ivan Herrera	2000.06.01	右／右	MLB 聖路易紅雀
Carlos Sanchez	1993.11.05	右／右	未出賽
內野手			
Jonatan Arauz	1998.08.03	右／兩	MLB 巴爾的摩金鶯
Jose Caballero	1996.08.30	右／右	西雅圖水手 2A
Erasmo Caballero	2001.05.26	右／右	巴拿馬聯賽
Gerald Chin	1993.05.29	右／左	未出賽
L.J. Jones	1999.06.27	右／右	聖路易紅雀 A+
Edgar Munoz	1991.10.30	右／右	未出賽
Ruben Tejada	1989.10.27	右／右	冬季聯盟
外野手			
Luis Castillo	1989.05.15	右／兩	未出賽
Allen Cordoba	1995.12.06	右／右	辛辛那提紅人 3A
Rodrigo Orozco	1995.04.02	右／兩	獨立聯盟
Jose Ramos	2001.01.01	右／右	洛杉磯道奇 A+
Jahdiel Santamaria	1987.04.05	右／右	未出賽
Johny Santos	1996.10.02	右／右	未出賽
Joshwan Wright	2000.11.09	右／右	奧克蘭運動家 A+

候補投手： Davis Romero、Miguel Cienfuegos、Harold Arauz

2023 年第五屆世界棒球經典賽分組賽

B 組賽程一覽

2023 World Baseball Classic POOL B GAME SCHDULE

日本／南韓／澳洲／中國／捷克

主球場：東京巨蛋

出賽日期：3/9 ～ 3/13

2023/3/9（四）

12:00 JST GAME1	19:00 JST GAME2
澳洲	中國
南韓	日本

2023/3/10（五）

12:00 JST GAME3	19:00 JST GAME4
捷克	南韓
中國	日本

2023/3/11（六）

12:00 JST GAME5	19:00 JST GAME6
中國	捷克
澳洲	日本

2023/3/12（日）

12:00 JST GAME7	19:00 JST GAME8
捷克	日本
南韓	澳洲

2023/3/13（一）

12:00 JST GAME9	19:00 JST GAME10
澳洲	南韓
捷克	中國

文／Jerry Gong

Japan
日本

國家基本資料

主要語言	日語
首都	東京
人口	124,214,766
國土面積	377,975 KM²
貨幣	日圓

歷屆 WBC 參賽戰績

2006 年｜第一屆
冠軍

2009 年｜第二屆
冠軍

2013 年｜第三屆
四強賽／第三輪

2017 年｜第四屆
四強賽／第三輪

教練團

背號	職稱	姓名
89	總教練	栗山英樹
90	首席教練	白井一幸
77	打擊教練	吉村禎章
87	外野守備／跑壘教練	清水雅治
81	投手教練	吉井理人
75	牛棚教練	厚沢和幸
79	內野守備／跑壘兼作戰教練	城石憲之
74	投捕教練	村田善則

主力投手陣容

先發	達比修有、大谷翔平、山本由伸、佐佐木朗希、今永昇太
中繼	湯淺京己、伊藤大海、宇田川優希、松井裕樹
終結者	大勢、栗林良吏、大谷翔平

隊史最強投手出擊 目標無他只有冠軍

「投手絕對是日本隊一大特徵！」總教練栗山英樹一語道盡自家球隊「侍 Japan」最大優勢。有 2 名大聯盟 Ace 級強投大谷翔平和達比修有坐陣，外加去年完成無安打比賽的 3 張國內王牌山本由伸、今永昇太和佐佐木朗希，即便大谷可能要先發、後援兩頭跑，輪值戰力依舊無懈可擊，亦是奪還睽違 14 年冠軍的最大籌碼。

經典賽有用球數和隔場限制，日本隊備妥數名第二先發支援，由巨人新王牌戶郷翔征領軍，伊藤大海、宮城大彌、高橋奎二具備能先發和中繼的彈性，將戰線延伸至比賽後段；後援部門部分換血，同為 23 歲的巨人終結者大勢、阪神佈局投手湯淺京己是新面孔。在年輕後援的大賽經驗不足之下，不無可能調度大谷支援，屆時僅需投短局數，加上腎上腺數飆升，火球能催多快將是看點。

不被得分絕對不會輸，但不得分也不會贏。原本外野部門戰力堪憂，就在隊史首位日裔混血球星 Lars Nootbaar、大聯盟菜鳥吉田正尚破天荒參戰後，日本打線士氣大振，連同大谷、鈴木誠也和村上宗隆，起碼能排出 5 名具有破壞力的強打，鞏固前、中段打線。

外野擁有全大聯盟級陣容，內野則以「日職組」應戰，中線迎接小幅度換血，正游擊手由西武隊長源田壯亮接棒，取代坂本勇人，成為主打「防守野球」的最大象徵；二壘山田哲人上季面臨生涯低潮，但在大舞台的大顆心臟和不俗的二壘守備，仍是不可或缺的拼圖；特別的是一壘，栗山監督傾向不用專職一壘手，先發熱門牧秀悟在橫濱是專職二壘手，調往一壘同時也作為山田打擊不振的保險，保有調度彈性。

捕手部門延續上屆經典賽傳統，起用著重於防守技能點滿的甲斐拓也，不僅有豐富國際賽經驗，頂尖的盜壘阻殺和擋球功力，將是大谷和達比修的好幫手。而率領養樂多央聯 2 連霸的中村悠平，攻守較平均，在不犧牲守備的前提下補足甲斐打擊率過低的劣勢，另也針對「攻擊隊形」備妥強打捕手大城卓三。

日本全隊平均年紀僅 27.3 歲，比上屆年輕 1.2 歲，寫經典賽隊史最年輕。投手奢侈到有空間調度大谷去後援，打線至少 3 名現役大聯盟火力助陣，戰力均衡，板凳更埋伏「盜壘專武」周東佑京，保有搶 1 分打小球的作戰空間。唯一懸念是首次接掌日本兵符的栗山，善於跟選手建立關係的他，能否在預想外局面排除感性、果斷調度，將是重返榮耀關鍵。

大谷翔平

去年戰績（投）：15 勝 9 敗、防禦率 2.33、219K

去年戰績（打）：打擊率 0.273、34 轟、95 打點、OPS 0.875、11 盜

生涯榮譽：明星賽 x2、MVP、DH 銀棒獎

日本於 WBC 前 2 屆奪冠有鈴木一朗團結戰力，本屆栗山監督則點名大谷和達比修扮演整合球隊的要角。身為隊內新生代最憧憬的世界巨星，翔平卻虛懷若「谷」，表明先對全員自我介紹、說敬語，站在對等立場奮戰，勢必對年輕人產生正面影響。外界最關注的二刀流使用法，估計提早於 3 月投打 100% 開機，站在天使隊立場很為難，但日本隊監督是羈絆最深的恩師，關鍵時刻要他先發兼 DH 或上場關門應該不會搖頭，畢竟最了解他的栗山手握獨門的「大谷使用法」。

達比修有

去年戰績：16 勝 8 敗、防禦率 3.10、197K

生涯榮譽：明星賽 x5、三振王、勝投王

全隊最資深的老大哥，達比修有是唯一體驗過經典賽冠軍滋味的選手，肩負不只是一名強投的角色，栗山監督以「日本球界的財產」形容他，期許為年輕選手傳承棒球知識和訓練方法。邁入 36 歲之齡的達比修無衰退跡象，去年季後賽外卡戰和國聯冠軍賽皆擔綱一號投手，為不折不扣的教士王牌，也是對大聯盟強打最瞭若指掌的選手，集結投手全部該有技術、見過所有大風大浪，沒人比達比修更具資格帶領隊史最強投手陣容。

佐佐木朗希

去年戰績：9 勝 4 敗、防禦率 2.02、173K（日職）

生涯榮譽：明星賽（日職）

佐佐木朗希年僅 21 歲且無成棒國際賽經驗，卻能讓教練團毫不猶豫，列為日本隊最優先公布入選的投手之一，絕對是令和世代最閃耀、肩負日本未來的星星。投手教練吉井理人過去跟野茂英雄是同隊好友，執教過大谷和達比修，當他在羅德隊第一次看朗希投球便認證眼前的年輕人將擁有超越前述 3 人的實力，甚至名單公布前就說過，若打到美國希望能讓他先發一場。這位史上最年輕的完全比賽締造者，背負輪值重擔不輸前輩。

村上宗隆

去年戰績：打擊率 3 成 18、56 轟、134 打點、OPS 1.168、12 盜（日職）

生涯榮譽：明星賽 x3、打擊王 x2、全壘打王 x2、打點王 x1、MVPx2（日職）

鈴木一朗在 2009 年冠軍戰的那支封神致勝安，燃起 9 歲的村上宗隆的棒球夢，轉眼間已成為千禧年後出生最具代表性打者。不僅擁有日本人單季 56 轟、最年輕三冠王等新紀錄，「村神」在養樂多刻意栽培為四番打者之下，練就關鍵時刻的強心臟，上季多達 25 轟是左右戰局的關鍵全壘打，去年 11 月日本隊熱身賽展現想扛四番的慾望，3 戰狂敲 4 轟。村上最快將於 2025 年季後透過入札制度挑戰大聯盟，經典賽將是他第一個大考驗。

背號	姓名	出生	投／打	2022 年效力球隊
		投手		
16	大谷翔平	1994.07.05	右／左	MLB 洛杉磯天使
11	達比修有	1986.08.16	右／右	MLB 聖地牙哥教士
18	山本由伸	1998.08.17	右／右	日職歐力士猛牛
14	佐佐木朗希	2001.11.03	右／右	日職千葉羅德
12	戶鄉翔征	2000.04.04	右／右	日職讀賣巨人
21	今永昇太	1993.09.01	左／左	日職橫濱 DeNA 灣星
29	宮城大弥	2001.08.25	左／左	日職歐力士猛牛
47	高橋奎二	1997.05.14	左／左	日職養樂多燕子
28	高橋宏斗	2002.08.09	右／右	日職中日龍
22	湯浅京己	1999.07.17	右／右	日職阪神虎
17	伊藤大海	1997.08.31	右／左	日職日本火腿鬥士
26	宇田川優希	1998.11.10	右／右	日職歐力士猛牛
13	松井裕樹	1995.10.30	左／左	日職樂天金鷲
15	大勢	1999.06.29	右／右	日職讀賣巨人
20	栗林良吏	1996.07.09	右／右	日職廣島鯉魚
		捕手		
10	甲斐拓也	1992.11.05	右／右	日職福岡軟銀鷹
27	中村悠平	1990.06.17	右／右	日職養樂多燕子
24	大城卓三	1993.02.11	右／左	日職讀賣巨人
		內野手		
2	源田壯亮	1993.02.16	右／左	日職埼玉西武獅
3	牧秀悟	1998.04.21	右／右	日職橫濱 DeNA 灣星
55	村上宗隆	2000.02.02	右／左	日職養樂多燕子
33	山川穗高	1991.11.23	右／右	日職埼玉西武獅
1	山田哲人	1992.07.16	右／右	日職養樂多燕子
7	中野拓夢	1996.06.28	右／左	日職阪神虎
25	岡本和真	1996.06.30	右／右	日職讀賣巨人
		8		
8	近藤健介	1993.08.09	右／左	日職福岡軟銀鷹
51	鈴木誠也	1994.08.18	右／右	MLB 芝加哥小熊
34	吉田正尚	1993.07.15	右／左	日職歐力士猛牛
23	Lars Nootbaar	1997.09.08	右／左	MLB 聖路易紅雀
9	周東佑京	1996.02.10	右／左	日職福岡軟銀鷹

文／Kumi

South Korea
南韓

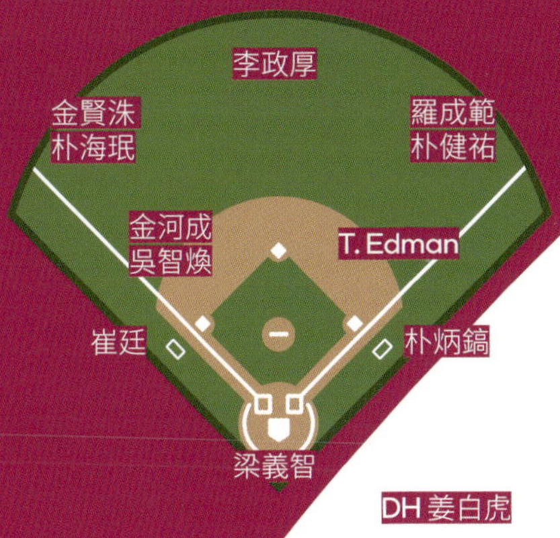

國家基本資料

主要語言	韓語
首都	首爾
人口	51,611,400
國土面積	100,413 KM²
貨幣	韓圜

歷屆 WBC 參賽戰績

2006 年｜第一屆
四強賽／第三輪

2009 年｜第二屆
亞軍／冠軍賽

2013 年｜第三屆
分組賽／第一輪

2017 年｜第四屆
分組賽／第一輪

主力投手陣容	
先發	金廣鉉、具昌謨、蘇珩準、李義理、梁玹種
中繼	鄭又榮、李庸燦、鄭哲元
終結者	高祐錫

教練團

職稱	姓名
總教練	李強喆
打擊教練	金杞泰
投手教練	鄭現旭
牛棚教練	裴英洙
投捕教練	陳甲龍
三壘教練	金敏浩
一壘教練	金敏宰
戰略分析教練	沈哉學

大聯盟二游領銜 南韓力拚重返榮光

前兩屆都止步分組賽的南韓隊，此次備戰相當積極，新年之初直接公布 30 人名單，其中投手群人數就佔了一半，當中由兩位國家隊常客金廣鉉、梁玹種領軍，不過兩人不一定會以先發出賽，經典賽有用球數限制、加上又是短期賽事，兩位資深左投可能會在重要時刻被派上場，先發則交給在東京奧運表現不俗的新生代王牌李義理，以及將迎來國際賽初體驗的具昌模、蘇珩準等人。後段防線則有去年韓職中繼王鄭又榮以及守護神高祐錫把關。南韓這次未邀到大聯盟韓裔投手入陣，可能在八強輪次就會面臨對手火力考驗。

野手群就有較多亮點，最重要的莫過於邀到紅雀金手套二壘手 Tommy Edman 助陣，他與金河成組成的內野中線將成為投手群最安心的存在，兩人在攻擊端應也會是前段棒次、扮演開啟攻勢的重要角色。另外去年韓職五冠王、中外野手李政厚，也將與兩人共組「中線鐵三角」，明年有望赴美的他在國際賽舞台能否發揮國內實力，對南韓攻擊端的輸出至關重要。

打線整體而言較投手端經驗豐富，惟年齡偏高，且有傷勢隱憂，崔廷、金賢洙與梁義智等都是國家隊老面孔，有望扛起中心打線。原本不在 50 人名單的朴炳鎬後來入隊、平衡左右打稍微失衡的打線，不過旅美好手崔志萬因休賽季動了手肘手術，最後沒有被所屬球隊海盜放行，南韓隊找來 25 歲的外野工具人崔知訓替補入陣，火力勢必受到影響，不過在調度上多了一枚活棋。

由於南韓足球隊在世界盃闖進十六強，該國輿論賦予這次代表隊極大使命，認為最終成績將是挽回棒球熱度的關鍵。分組除了勁敵日本，其他隊都應不會構成太大威脅，總教練李強喆日前也喊出能夠在日本的八強賽出線、進軍美國打四強的目標。

焦點球星

金河成

去年戰績：打擊率 0.251、11 轟、59 打點、OPS 0.708、12 盜（韓職）

生涯榮譽：明星賽 x5、手套 x3（韓職）

金河成

去年旅美第二個球季，金河成在 Fernando Tatis Jr. 受傷之下，成功頂替教士游擊大位，還一舉入選季末金手套候選名單，此外打擊端無論在上壘率與長打率相較第一年也都有所成長，面對大聯盟等級的投手已漸漸找到應付之道。這位去年在大聯盟最受矚目的韓籍打者，披上國家隊戰袍理所當然成為領袖角色，除守備上絕對不需要教練擔心外，關鍵時刻也必須帶來火力支援，最重要的是將美職經驗帶進團隊，讓球隊有機會在國際大賽突圍。

李政厚

去年戰績：打擊率 0.349、23 轟、113 打點、OPS 0.996（韓職）
生涯榮譽：明星賽 x3、新人王、打擊王 x2、打點王、年度 MVP、金手套 x5（韓職）

擁有「風之孫」之稱的培證英雄外野手李政厚，由於父親是一代傳奇李鍾範，自進入職業賽場前就備受矚目。生涯經過 6 年洗鍊在去年來到巔峰，除連兩年拿下打擊王，安打數、打點、上壘率以及長打率也都傲視群雄，韓職現今最強打者當之無愧。李政厚本就是高擊球率打者，近年長打能力也有顯著突破，讓攻擊更加全面，球季結束就獲得入札資格的他，若能在國際賽場上證明自己面對大聯盟等級的投手也能維持表現，對於身價將是大加分。

梁玹種

去年戰績：12 勝 7 敗、防禦率 3.85、141K（韓職）
生涯榮譽：明星賽 x7、勝投王、防禦率王 x2、金手套、MVP、崔東原獎（韓職）

與柳賢振、金廣鉉並稱南韓三大左投，梁玹種在 2021 年也為圓夢赴美挑戰大聯盟、與德州遊騎兵隊簽下小聯盟合約，不過在最高殿堂算是受到不小的震撼教育，在大聯盟出賽 12 場，其中 4 場先發、留下 0 勝 3 敗防禦率 5.60 的成績，兩度遭到指定讓渡後便重回韓職發展。重返老東家起亞虎的第一年雖然身手無法與巔峰時期相比，仍達成韓職生涯 150 勝里程碑，季末登板局數與勝投數也冠居全隊，仍是輪值第一號選擇，來到國家隊依舊有機會於重要比賽獲得重用。

金廣鉉

去年戰績：13 勝 3 敗、防禦率 2.13、153K（韓職）
生涯榮譽：明星賽 x6、勝投王 x2、三振王、防禦率王、金手套、MVP、崔東原獎（韓職）

擁有「微笑左投」稱號的金廣鉉，是南韓國家隊常客，2019 年冬天第二次挑戰入札，成功與紅雀隊簽約。雖然大聯盟第一年就受到疫情衝擊，在聖路易兩年仍留下 10 勝 7 敗防禦率 2.97 的不俗成績，也被認為有實力續留美職，只是當時遇到勞資談判卡關封館，也讓他選擇以史上最大張的 4 年 151 億韓圜合約重返老東家 SSG 登陸者。歸國後這位無愧身價的王牌一路率隊奪下韓國大賽冠軍，個人也收下象徵投手最高榮譽的崔東原獎，堪稱豐收一季，現在回到國家隊將扮演經驗傳承的角色。

Tommy Edman

去年戰績：打擊率 0.265、13 轟、57 打點、OPS0.725、32 盜

生涯榮譽：金手套

具有 4 年大聯盟資歷的 Tommy Edman 由於母親是韓國人而得以代表參賽，也是南韓隊陣中首度出現美籍韓裔選手。南韓媒體曾透露，他與母親在洛杉磯的家人關係密切，對韓國文化不陌生，因此融入國家隊應不會有太大問題。Edman 的加入除象徵上的意義，球場上能帶來的貢獻也值得期待，上季跑出生涯新高 32 盜的他除有望成為南韓隊核彈頭，防守端價值更無須多言，不僅是 2021 年的二壘金手套得主，去年也拿下工具人防守聖經獎，將是讓投手群相當放心的存在。

Tommy Edman

背號	姓名	出生	投／打	2022 年效力
		投手		
29	金廣鉉	1988.07.22	左／左	韓職 SSG 登陸者
54	梁玹種	1988.03.01	左／左	韓職起亞虎
1	高永表	1991.09.16	右／右	韓職 KT 巫師
59	具昌模	1997.02.17	左／左	韓職 NC 恐龍
30	蘇珩準	2001.09.16	右／右	韓職 KT 巫師
48	李義理	2002.06.16	左／左	韓職起亞虎
61	郭斌	1999.05.28	右／右	韓職斗山熊
46	元兌仁	2000.04.06	右／右	韓職三星獅
19	高祐錫	1998.08.06	右／右	韓職 LG 雙子
18	鄭又榮	1999.08.19	右／右	韓職 LG 雙子
45	李庸燦	1989.01.02	右／右	韓職 NC 恐龍
21	朴世雄	1995.11.30	右／右	韓職樂天巨人
65	鄭哲元	1999.03.27	右／右	韓職斗山熊
57	金允植	2000.04.03	左／左	韓職 LG 雙子
34	金元中	1993.06.14	右／左	韓職樂天巨人
		捕手		
25	梁義智	1987.06.05	右／右	韓職 NC 恐龍
56	李知榮	1986.02.27	右／右	韓職培證英雄
		內野手		
50	姜白虎	1999.07.29	右／左	韓職 KT 巫師
2	金慧成	1999.01.27	右／左	韓職培證英雄
52	朴炳鎬	1986.07.10	右／右	韓職 KT 巫師
7	金河成	1995.10.17	右／右	MLB 聖地牙哥教士
14	崔廷	1987.02.28	右／右	韓職 SSG 登陸者
11	Tommy Edman	1995.05.09	右／兩	MLB 聖路易紅雀
10	吳智煥	1990.03.12	右／左	韓職 LG 雙子
		外野手		
51	李政厚	1998.08.20	右／左	韓職培證英雄
22	金賢洙	1988.01.12	右／左	韓職 LG 雙子
47	羅成範	1989.10.03	左／左	韓職起亞虎
37	朴健祐	1990.09.08	右／右	韓職 NC 恐龍
17	朴海珉	1990.02.24	右／左	韓職 LG 雙子
53	崔知訓	1997.07.23	右／左	韓職 SSG 登陸者

澳洲

文／高睿鴻

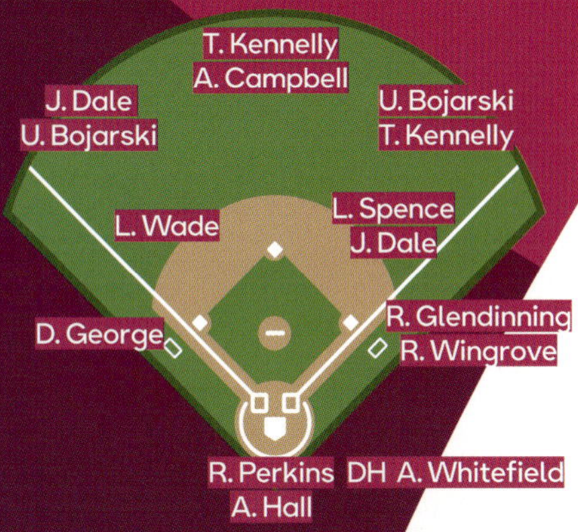

主力投手陣容	
先發	T. Atherton、W. Saupold、K. Glogoski、J Guyer
中繼	J. Kennedy、M. Neunborn、S. Holland、L. Wilkins
終結者	T. Van Steensel

國家基本資料

主要語言	英語
首都	坎培拉
人口	26,015,300
國土面積	7,692,300KM²
貨幣	澳幣

歷屆 WBC 參賽戰績

2006 年	**第一屆**	分組賽／第一輪
2009 年	**第二屆**	分組賽／第一輪
2013 年	**第三屆**	分組賽／第一輪
2017 年	**第四屆**	分組賽／第一輪

教練團

職稱	姓名
總教練	Dave Nilsson
板凳教練	Shayne Watson
投手教練	Jim Bennett
打擊教練	Chris Adamson
助理打擊教練	Will Bradley
牛棚教練	Graeme Lloyd

需要拿出 200% 的實力與運氣

對於過去 4 屆都首輪打包的澳洲隊，本次分組賽程可謂喜憂參半，一來與中國、捷克同組，意味著他們不再是分組中最好吃的軟柿子；但另一方面與世界級強權日本、韓國搶 2 張晉級門票，怎麼想都不是一件容易的事。而且，比起某些同樣力拼爆冷的隊伍，例如加拿大，澳洲也沒有像 Freddie Freeman 這樣的超級巨星助拳。攤開澳洲隊名單縱然都是國內職棒好手，但一般認為他們的戰力強度更接近新人聯盟、甚至低階獨立聯盟。面對世界數一數二的日、韓職棒，盡力發揮之餘恐怕只能期盼好運降臨。

打線方面，36 歲老將 Tim Kennelly 或許辨識度最高，近 10 年國際賽都有他的身影，本季在澳職攻擊指數 OPS 值也有 0.918，算得上打線棟樑。目前效力釀酒人 1A 的 Alex Hall 可能是較難對付的打者之一，這季在伯斯熱火出賽 38 場就敲出 8 轟、打擊三圍高達 0.360 ／ 0.440 ／ 0.626。今年澳職 6 位 OPS 破 1 的打者中除了 Hall，還有 Ulrich Bojarski 也將披上國家隊戰袍。

年僅 22 歲、本季出賽 33 場就有 18 支長打的 Rixon Wingrove，也是有能力一棒取分的好手；至於 Aaron Whitefield 則是唯一確定參賽的現役 MLB 打者。但他整個小聯盟生涯 OPS 值僅有 0.668，不算太出色，反倒是上季在皇家 2A 交出 OPS 值 0.813 的內野手 Robbie Glendinning 值得投以關注。扣除上述幾人，僅剩去年升上教士隊 3A 的 Jarryd Dale 坐擁美職經驗；其餘幾乎都是澳職本土選手。

除了打線亮點匱乏，投手群亦沒有太多看點。輪值方面，曾上過大聯盟、2019 及 2020 年在韓國職棒固定先發的 Warwick Saupold，算是知名度較高的一員。Tim Atherton 今年在澳職布里斯本俠盜交出 3.27 防禦率、三振保送比 5.3 都很不錯，去年 11 月與日本隊交手兩場熱身賽，他和 Saupold 都擔綱先發。剩下人選較難預測，在澳職固定先發、且三振能力不差的 Josh Guyer 亦可能進輪值。至於牛棚，同樣很多都是國內職棒好手，比如 Mitch Neunborn 本季於阿德萊德巨人就繳出 2.25 防禦率、每 9 局三振 12.9 人次的後援表現。

整體來看，比起國內未有成熟職棒體系的中國、捷克，或許澳洲仍是最值得被期待的黑馬，且短期賽什麼事都可能發生，尤其 Saupold 與韓國打者交手經驗豐富。但平心而論，至少就紙上戰力而言，面對兵強馬壯的日、韓，澳洲若想晉級，可能得至少發揮 200% 實力與運氣。

Tim Kennelly

去年戰績：打擊率 0.282、6 轟、18 打點、OPS 0.912（澳職）

對於長期追蹤國際棒球或澳洲國家隊的球迷來說，Kennelly 絕對算是熟到不能再熟的老面孔。2009 年世界盃、2013 及 2017 年經典賽都有他的身影，這位在小聯盟打滾 9 年、過去 9 季則效力伯斯熱火的老球皮，如今又將披上戰袍為國爭光。雖然小聯盟成績平庸無奇，但 Kennelly 在澳洲算得上名副其實的「國內王」，過去 7 季只有一年 OPS 值低於 0.798。他是一名很不錯的擊球者，澳職生涯打擊率近 3 成，留下 0.296 ／ 0.371 ／ 0.482 的打擊三圍。做為一名 36 歲老將，他肯定是本屆賽事的陣中老大哥，將承擔傳授經驗之責任。

Warwick Saupold

去年戰績：3 勝 2 敗、防禦率 5.56、26K（澳職）

若以 Saupold 的大聯盟成績：生涯 4.98 防禦率、FIP 值 5.25 而言，他不過是另一名平庸的前 MLB 選手，但對於過往的澳洲選手來說卻已經是很不賴的成就。離開大聯盟後曾於 2019 年、2020 年轉戰韓職，共吃下 357.1 局、防禦率 4.16，算是中規中矩。不過，直球均速大概只略快於 90 英哩，致使 Saupold 三振威力不佳，多半以控球加上 4 顆球路混搭，周旋於打者之間。面臨擊球準度極佳的亞洲球風，對決日、韓等強隊時恐怕仍會感到吃力。

Alex Hall

去年戰績：打擊率 0.181、1 轟、14 打點、OPS 0.554（高階 1A）

一方面，Hall 正好可做為澳職強度不高的證明：目前只打到高階 1A，生涯的小聯盟打擊三圍 0.232 ／ 0.299 ／ 0.353 卻不是很理想，但這季卻能在澳職交出 OPS 值 1.066、領先整個聯盟的頂級表現。面對日、韓強投，Hall 不見得能複製澳職的威猛表現，但每兩戰就能敲一發長打的成績還是讓人不得不提防。Hall、Wingrove、Bojarski 這幾位長打手本屆賽事能發揮多少威力，或許很大程度決定了澳洲隊能否爆冷偷下關鍵勝利。

Robbie Glendinning

去年戰績：打擊率 0.252、19 轟、76 打點、OPS 0.813、11 盜（2A）

目前效力皇家隊 2A，現年 27 歲的 Glendinning 雖然已經比許多同層級選手年長，但現階段就是澳洲隊打擊最穩定的好手之一。在國內職棒，他近 3 季逐年交出 OPS 值 0.953、0.951、0.824 的不俗進攻成績，去年亦在 2A 打出 0.252 ／ 0.373 ／ 0.439 打擊三圍、並有 19 轟 11 盜，是對手需要更謹慎提防的人選。

Tim Atherson

去年戰績：5 勝 1 敗、防禦率 3.27、48K（澳職）

憑著去年在澳職投出穩定先發表現，Atherson 順利成章成為澳洲隊為數不多的先發選擇之一。52.1 局投球交出 48 次三振、僅 9 次保送，防禦率只有 3.27。雖然普遍認為澳職強度不高，但短期賽還是需要像他這樣的穩定性。

Tim Kennelly

姓名	出生	投／打	2022 年效力
投手			
Tim Atherton	1989.11.07	右／右	澳職布里斯本俠盜
Liam Doolan	1998.10.11	右／右	澳職雪梨藍襪
Kyle Glogoski	1999.01.06	右／右	費城費城人 A+
Josh Guyer	1994.05.27	右／右	澳職雪梨藍襪
Sam Holland	1994.02.20	右／右	澳職布里斯本俠盜
Jon Kennedy	1994.09.20	左／左	澳職墨爾本王牌
Steve Kent	1989.05.08	左／左	澳職墨爾本王牌
Daniel McGrath	1994.07.07	左／右	澳職墨爾本王牌
Mitch Neunborn	1997.06.27	右／右	澳職阿德萊德巨人
Jack O’Loughlin	2000.03.14	左／左	底特律老虎 A+
Chris Oxspring	1977.05.13	右／左	澳職雪梨藍襪
Warwick Saupold	1990.01.16	右／右	澳職伯斯熱火
Todd Van Steensel	1991.01.14	右／右	澳職阿德萊德巨人
Josh Tols	1989.10.06	左／左	澳職阿德萊德巨人
Blake Townsend	2001.04.05	左／左	西雅圖水手 3A
Luke Wilkins	1989.12.27	右／右	澳職阿德萊德巨人
Coen Wynne	1999.01.25	右／右	澳職雪梨藍襪
捕手			
Alex Hall	1999.06.08	右／兩	密爾瓦基釀酒人 A+
Robbie Perkins	1994.05.29	右／右	澳職坎培拉騎兵
內野手			
Jake Bowey	1996.07.16	右／左	澳職伯斯熱火
Jarryd Dale	2000.09.11	右／右	聖地牙哥教士 3A
Darryl George	1993.03.14	右／右	澳職墨爾本王牌
Robbie Glendinning	1995.10.06	右／右	堪薩斯市皇家 2A
Liam Spence	1998.04.09	右／左	芝加哥小熊 1A
Logan Wade	1991.11.13	右／兩	澳職布里斯本俠盜
Rixon Wingrove	2000.05.23	右／左	費城費城人 A+
外野手			
Ulrich Bojarski	1998.09.15	右／右	底特律老虎 2A
Andrew Campbell	1992.02.18	右／左	澳職布里斯本俠盜
Tim Kennelly	1986.12.05	右／右	澳職伯斯熱火
Jordan McArdle	1998.05.02	右／左	澳職阿德萊德巨人
Aaron Whitefield	1996.09.02	右／右	MLB 洛杉磯天使

候補選手： Matt Beattie、William Sherriff、Ryan Battaglia

China 中國

文／江奕昌

歷屆 WBC 參賽戰績

2006 年	第一屆 分組賽／第一輪
2009 年	第二屆 分組賽／第一輪
2013 年	第三屆 分組賽／第一輪
2017 年	第四屆 分組賽／第一輪

主力投手陣容

先發	朱權、Alan Carter、齊鑫、鄭超群、伊健、林強
中繼	蘇長龍、王翔
終結者	宮海成

教練團

職稱	姓名
總教練	Dean Treanor
首席教練	陳彪
打擊／內野教練	張寶樹
教練	王偉
教練	李偉
教練	張建
教練	鮑春雨

國家基本資料

主要語言	中文
首都	北京
人口	1,411,778,724
國土面積	9,596,961KM^2
貨幣	人民幣

放眼未來 與世界接軌的中國棒球

因其多達 14 億的人口數，中國一直以來都是大聯盟想要積極開發的市場，近年來，在中國棒協與大聯盟的努力之下漸漸收到一些成果。少年棒球俱樂部跟培訓機構可說是遍地開花，大聯盟位於南京與無錫的發展中心也陸續培養出一些受到大聯盟球團青睞的選手，近期有剛與教士隊簽下小聯盟合約的 17 歲左投秦子墨。而本次中國隊陣中的宮海成、伊健和寇永康也都曾經在小聯盟體系奮鬥過。

本次中國隊的組成是以國內聯賽的球員為主，再加上張寶樹、Alan Carter、朱權、真砂勇介這四位有華裔血統且具備美、日、韓職棒經歷的選手，讓球隊在投打戰力上都有一定程度的提升。本次擔任總教練的是曾任馬林魚隊牛棚教練的美籍教練 Dean Treanor，在美國大聯盟發展中心的協助以及他的帶領之下，可以預期這支中國隊將帶著強烈的美式風格來衝擊本屆賽會。以整體陣形來說，中國隊勢必要減少犯錯次數，並發揮速度上的優勢，如此一來才能夠在分組賽內打出精彩的內容。

處在強敵環伺的 B 組，合理推測中國隊將會把最好的戰力安排在對捷克之戰，力圖搶下一勝。整體而言，要晉級到複賽的機會並不高，不過在賽會後這支中國隊將持續為接下來的杭州亞運做準備。因此，對於隊上年輕的班底來說，本次賽會更重要的目標或許是藉由高強度的國際賽事吸取重要的比賽經驗，試圖將自身的棒球實力與世界列強慢慢拉近。

張寶樹

朱權

焦點球星

張寶樹

生涯戰績：打擊率 0.270、26 轟、303 打點、OPS 0.707（小聯盟）

攤開本屆中國隊名單，張寶樹絕對是臺灣球迷最熟悉的名字。這將會是現年 39 歲的他第四度代表中國隊征戰經典賽，而他在 2009 年對中華隊所擊出的那發全壘打，事隔多年之後仍讓許多資深球迷餘悸猶存。

張寶樹在 2017 年經典賽後正式卸下球員身分，加入大聯盟位於南京的發展中心，近年來致力於中國棒球的發展以及球員培訓。

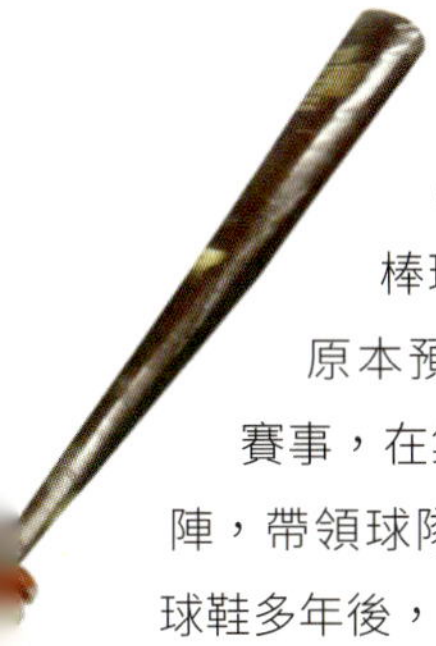

原本預定以教練身分參與本屆賽事，在集訓期間決定再度披掛上陣，帶領球隊挑戰世界列強。在高掛球鞋多年後，我們也許很難期待張寶樹能維持往日身手，但他在球場上的經驗以及所帶來的安定感，絕對是這支中國隊所欠缺的。

朱權

去年戰績：出賽 58、防禦率 3.91、1 救援 15 中繼、31K（韓職）

生涯榮譽：明星賽、中繼王（韓職）

效力於韓國職棒 KT 巫師隊的朱權出生於中國吉林省，這也讓他得以在經典賽代表中國隊出賽，在中國棒協的誠意邀請之下，他也允諾於 2017 年後再度披上中國隊的戰袍。

曾入選韓職明星賽及拿下中繼王的朱權直球均速大約 142 公里左右，變速球為主要武器，去年球季變速球的使用率超過 5 成，為聯盟所有投手當中最多。雖然在母隊都是擔任中繼投手居多，加入中國隊的朱權卻很有可能在分組賽其中一場扛下先發。他曾在 2017 年先發對戰澳洲隊，投了 3 局吞敗，若本屆經典賽中國隊想要在勝場數有所突破，那麼朱權主投的比賽或許會是最好的機會。

姓名	出生	投／打	2022 年效力
投手			
朱權	1995.05.31	右／右	韓職 KT 巫師
Alan Carter	1997.12.16	右／右	業餘
宮海城	1998.12.28	右／右	中國聯賽
齊鑫	1997.02.13	右／右	中國聯賽
蘇長龍	1982.01.28	左／左	中國聯賽
王唯一	2002.07.07	右／右	中國聯賽
鄭超群	1993.02.09	右／右	中國聯賽
趙富陽	1999.09.16	右／右	中國聯賽
王翔	2003.11.28	左／左	中國聯賽
孫海龍	--	右／右	中國聯賽
王宇宸	--	右／右	中國聯賽
張昊	--	右／右	中國聯賽
伊健	2001.02.09	右／右	中國聯賽
林強	--	左／左	中國聯賽
捕手			
李一凡	1997.10.10	右／右	中國聯賽
陳晨	1999.03.28	右／右	中國聯賽
欒臣臣	1996.01.16	右／左	中國聯賽
李寧	1994.11.12	右／右	中國聯賽
內野手			
張寶樹	1983.08.24	右／右	未出賽
陳晨	1995.03.18	右／左	中國聯賽
陸昀	1997.02.07	右／右	中國聯賽
曹杰	1998.02.17	右／右	中國聯賽
楊晉	1998.11.18	右／左	中國聯賽
羅錦駿	1995.01.08	右／右	中國聯賽
外野手			
真砂勇介	1994.05.04	右／右	日職福岡軟銀鷹
呂玉恒	1995.11.11	右／右	中國聯賽
韓嘯	1996.04.11	右／左	中國聯賽
梁榮基	1998.08.05	右／右	大聯盟發展中心
梁培	1998.04.14	右／右	中國聯賽
寇永康	2001.01.29	右／左	中國聯賽

Czech Republic
捷克

文／吳亞誠

國家基本資料

主要語言	捷克語
首都	布拉格
人口	10,516,707
國土面積	78,871 KM^2
貨幣	克朗

歷屆 WBC 參賽戰績

前四屆皆未參賽

主力投手陣容	
先發	M. Schneider、L. Ercoli、D. Padysak、M. Minarik、J. Novak
中繼	T. Duffek、D. Mergans、F. Capka
終結者	M. Kovala

教練團

職稱	姓名
總教練	Pavel Chadim
投手教練	John Hussey
打擊教練	Alex Derhak
牛棚教練	Dusan Randak
一壘教練	Michael Griffin
三壘教練	David Winkler

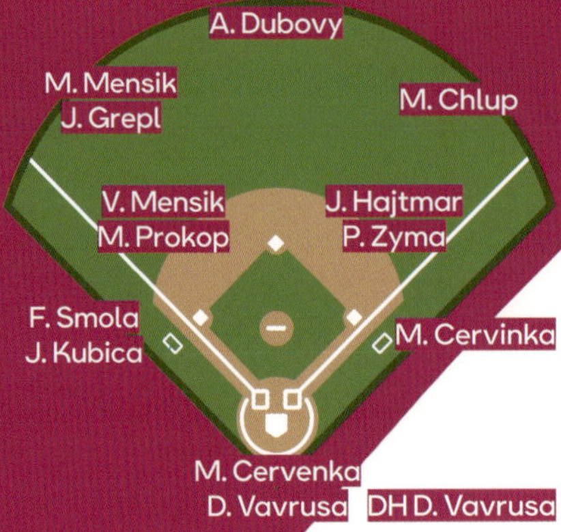

小國，大夢。

2000 年代起，捷克隊的棒球實力在歐洲國家中脫穎而出。他們不像許多歐洲國家隊由拉美移民組成，隊伍超過 9 成選手都土生土長，甚至是在國內聯賽出賽、培養，最大優勢在於打擊與流暢的防守。團隊普遍身材高大，長打火力凶猛，在 4 場 WBC 資格賽就擊出 10 轟。雖說陣中有多位身高超過 190 公分的球員，但體型一點也不影響他們的活動力，Marek Chlup、Jakub Hajtmar 等強打可鎮守多個守位，在防守端能靈活、順暢的處理球，同時擁有優異的傳球臂力，完美體現全隊強攻善守的特色。

另一方面，投手發展相較於打擊薄弱許多，目前仍未培養出活躍於國際大型職業聯賽的球員，速球均速落在時速 140 公里上下，與其他國家隊有所落差。Jan Novak 是大賽經驗最豐富的先發投手，上屆 WBC 資格賽面對墨西哥，以及 2021 年歐洲棒球錦標賽面對以色列兩支強隊都繳出漂亮成績單。年僅 19 歲的 Michal Kovala 被美國最大球探機構評為歐洲最佳選手，有著隊上最快的速球與決勝球種變速球，創造良好揮空效果，他將在人生最重要的賽場接下終結者工作，考驗這位新生代強投的抗壓性。

有趣的是，陣中多半選手打球之餘還從事其他職業，有人是律師、有人是消防員，但這樣一群選手卻組成歐洲近年來國際賽成績最出色的球隊。總結來說捷克攻優於投，打者都有一棒將小白球擊出牆的實力，但面對速球掌握度較差，能否適應各強權的剛猛球速有待觀察。投手深度是其弱點，球速不快、控球不穩為多數球員問題，打擊火力能否掩護投手端劣勢將是得勝關鍵。

Martin Cervenka

焦點球星

Martin Cervenka

去年戰績：打擊率 0.424、15 轟、49 打點、OPS 1.369（捷克聯賽）

2021 年效力大都會隊 3A，Martin Cervenka 已在美國職棒小聯盟征戰 10 年，是捷克棒球史上成就最高的選手，同時也是不少國內小球員景仰的對象，為捷克棒球發展的重要推手。本屆將是 Cervenka 第三度穿上國家隊制服出戰經典賽，作為球隊四棒，他在資格賽繳出打擊率 0.375、攻擊指數 OPS 值 1.222 成績，在中心棒次串聯球隊兇猛的火力。除了身為不動四番，Cervenka 更扮演球隊大腦，坐鎮本壘板後方配球靈活，對於幫助球隊投手繳出優異成績功不可沒，是隊中無可撼動的靈魂人物。

Marek Chlup

去年戰績：打擊率 0.390、12 轟、75 打點、OPS 1.150、30 盜（業餘）

2022 年對於 Marek Chlup 而言是個突破性的賽季，不僅代表的大學球隊拿下 NCAA 二級聯賽冠軍、個人入選全美年度第一隊，優異的表現更讓他獲邀參加大聯盟首屆舉辦的選秀聯賽，有機會成為捷克棒球史上首位在大聯盟選秀會獲選的球員。具備力量、防守、速度，三拍子的 Chlup 是近年來捷克隊打線最寄予厚望的明日之星，從 U23 世界盃就開始在國際賽場展現長打以及盜壘能力，本屆經典賽資格賽也多次貢獻進攻砲火與防守美技，是球隊在攻守兩端最強大的靠山。

姓名	出生	投／打	2022 年效力
投手			
Filip Capka	1998.11.04	右／右	捷克聯賽
Tomas Duffek	1989.09.12	左／右	捷克聯賽
Lukas Ercoli	1996.04.17	左／右	捷克聯賽
Lukas Hlouch	2000.12.12	右／右	捷克聯賽
Michal Kovala	2003.12.28	右／右	捷克聯賽
David Mergans	2002.02.27	右／右	義大利聯賽
Marek Minarik	1993.06.28	右／右	捷克聯賽
Jan Novak	1994.01.19	左／右	捷克聯賽
Daniel Padysak	2000.07.02	右／右	業餘
Ondrej Satoria	1997.02.26	右／右	捷克聯賽
Martin Schneider	1986.03.04	右／右	捷克聯賽
Jan Tomek	1992.01.29	右／右	德國聯賽
Boris Vecerka	2003.08.22	右／右	捷克聯賽
捕手			
Martin Cervenka	1992.08.03	右／右	捷克聯賽
Daniel Vavrusa	1991.07.09	右／右	德國聯賽
內野手			
Martin Cervinka	1997.03.03	右／右	捷克聯賽
William Escala	1998.12.11	右／右	獨立聯盟
Jakub Hajtmar	1987.06.14	右／右	捷克聯賽
Jakub Kubica	1998.03.13	右／左	捷克聯賽
Vojtech Mensik	1998.05.24	右／右	捷克聯賽
Milan Prokop	2003.02.12	右／右	捷克聯賽
Filip Smola	1997.10.04	右／左	捷克聯賽
Eric Sogard	1986.05.22	右／左	未出賽
Petr Zyma	1989.07.28	右／右	捷克聯賽
外野手			
Marek Chlup	1999.01.09	右／右	業餘
Arnost Dubovy	1992.04.01	右／右	捷克聯賽
Jakub Grepl	1999.10.14	右／右	捷克聯賽
Marek Krejcirik	2001.06.27	右／左	捷克聯賽
Matej Mensik	1992.05.11	右／右	捷克聯賽
Martin Muzik	1996.04.23	右／右	捷克聯賽

候補投手： Jeff Barto

2023 年第五屆世界棒球經典賽分組賽

C 組賽程一覽

2023 World Baseball Classic POOL C GAME SCHDULE

美國／墨西哥／哥倫比亞／加拿大／英國

主球場：Chase Field　　出賽日期：3/11 ～ 3/15

2023/3/11（六）

12:30 PM MST GAME1

哥倫比亞
墨西哥

07:00 PM MST GAME2

英國
美國

2023/3/12（日）

12:00 PM MST GAME3

英國
加拿大

07:00 PM MST GAME4

墨西哥
美國

2023/3/13（一）

12:00 PM MST GAME5

哥倫比亞
英國

07:00 PM MST GAME6

加拿大
美國

2023/3/14（二）

12:00 PM MST GAME7

加拿大
哥倫比亞

07:00 PM MST GAME8

英國
墨西哥

2023/3/15（三）

12:00 PM MST GAME9

墨西哥
加拿大

07:00 PM MST GAME10

美國
哥倫比亞

文／Matt Chang

美國

國家基本資料

主要語言	英語
首都	華盛頓特區
人口	333,287,557
國土面積	9,833,520KM^2
貨幣	美金

歷屆 WBC 參賽戰績

2006 年	第一屆	八強賽／第二輪
2009 年	第二屆	四強賽／第三輪
2013 年	第三屆	八強賽／第二輪
2017 年	第四屆	冠軍

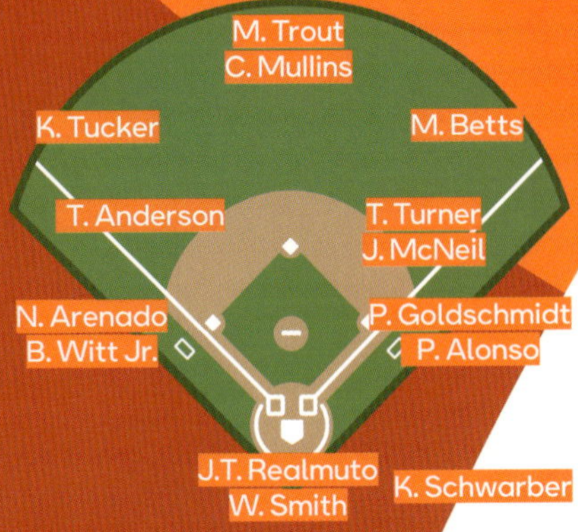

教練團

職稱	姓名
總教練	Mark DeRosa
打擊教練	Ken Griffey Jr.
投手教練	Andy Pettitte
板凳教練	Jerry Manuel
一壘教練	Lou Collier
三壘教練	Dino Ebel

主力投手陣容

先發	A. Wainwright、L. Lynn、M. Kelly、M. Mikolas
中繼	D. Williams、D. Bednar、A. Ottavino、D. Bard
終結者	R. Pressly

衛冕冠軍是唯一目標

身為上屆經典賽總冠軍，美國隊此次徵召選手過程相當順利，大牌選手雲集，陣容星度堪比明星賽，劍指衛冕寶座。

投手部門堪稱整齊無比，先發輪值一字排開全是大聯盟現役知名戰將，用奢侈來形容都不為過。比較特別的是在火球男當道現今球壇，美國隊這批先發投手多為技巧派，沒有任何一位上球季速球均速超過 95 英哩，球速壓制力的不足可能會是一個隱憂。牛棚也算人手充足，速球派高手與變化球專武型中繼兼有，後段局數安定感強。特別的是，整體看來美國隊投手年齡略為偏高，34 歲以上投手共有 8 位，可能是要借重其大賽經驗，不論質量、光論帳面戰力，的確有爭冠的本錢。

至於打線同屬一時之選，深度甚至超過投手群，當打之年的幾位重砲連線起來肯定會讓對手頭皮發麻。光是中心打線動輒都有單季 30 ～ 40 轟實力，前後段則配備有速度型打者，不論是要強力取分或是打小球速度戰都不成問題，增加教練團調度時的靈活程度。若真要雞蛋裡挑骨頭找缺點的話，打線僅有 2 位左打可能是潛在問題，面對主力奪冠對手派出的強力右投，能否順利突圍存在變數，因此 Kyle Schwarber、Kyle Tucker 與 Jeff McNeil 的上場頻率與棒次安排將更為重要。平心而論，一般層級的投手面對這套打線絕對會體無完膚，真正的考驗應該會是在八強賽之後才開始。

教練團的組成反倒是比較叫人摸不清，主帥 Mark DeRosa 球員生涯退役之後多擔任球評工作，分析頭頭是道，然而並沒有任何教練資歷；打教 Ken Griffey Jr. 與投教 Andy Pettitte 也有類似問題，選手時代成績顯赫，但沒有在小聯盟擔任執教工作過。以上 3 人等於都是新手上路，只剩板凳教練 Jerry Manuel 當過 6 年大聯盟總教練，不過評價普普，因此臨場調度會不會慢半拍出紕漏甚至直接翻車，可能都還有待實戰考驗。

綜合觀之，美國隊絕對是經典賽奪冠大熱門，戰力毋庸置疑，優點雖多然缺點同樣不少，能否笑到最後，請讓我們拭目以待。

Mookie Betts

去年戰績：打擊率 0.269、35 轟、82 打點、OPS 0.873、12 盜
生涯榮譽：明星賽 x6、打擊王、MVP、銀棒獎 x5、金手套 x6

走過前年入選明星賽卻仍遭質疑「表現不如過去好」的小低潮，被台灣網路鄉民暱稱為「木屐」的道奇隊外野手Mookie Betts上季總算重返金手套、銀棒獎雙雙入手的「常軌」。

據統計，從 2014 年初登場至今，「木屐」和 Jose Altuve、Jose Ramirez 是聯盟唯三達標「160 轟、140 盜」的跑轟好手，防守進階數據亦居聯盟外野手頂尖之林；加上分別逼近 3 成、3 成 70 的生涯打擊率和上壘率，全面性及穩定性可見一斑。可惜在前有 Mike Trout、後有大谷翔平和「法官」Aaron Judge 等聯盟看板球星夾擊下常被忽略，隊友 David Price 甚至抱不平道：「如果 Mookie 有 6 呎 4 吋高，那每個人就都會說他是棒球界地表最強了。」經典賽的戰場，也許正是 Betts 一展拳腳的最好機會。

Adam Wainwright

去年戰績：11 勝 12 敗、防禦率 3.71、143K
生涯榮譽：明星賽 x3、勝投王 x2、金手套 x2、銀棒獎

自從 2006 年於世界大賽第五戰 9 局上半三振對手，替紅雀奪下睽違 24 年的世界大賽冠軍、打響名號至今，17 個寒暑交替、Adam Wainwright 也從年輕小夥子成為憤怒鳥軍團中最具資歷的選手。由於 2016 年後表現大幅下滑，現年 41 歲的 Wainwright 一度有意引退，孰料自從 2020 年的縮短賽季後竟又回春，近三季累積 33 勝、防禦率 3.34 的好表現，對比陣中多名被看好卻因傷繳不出表現的年輕投手，更顯得他的難能可貴。

在投捕老搭檔 Yadier Molina、「普神」Albert Pujols 於上季結束高掛釘鞋後不久，Wainwright 也明言 2023 年就是自己的最後一個賽季。品嘗過無數榮耀、戰勳無數的他，是否有希望在經典賽錦上添花？值得看他一場就少一場的球迷們熱切期待。

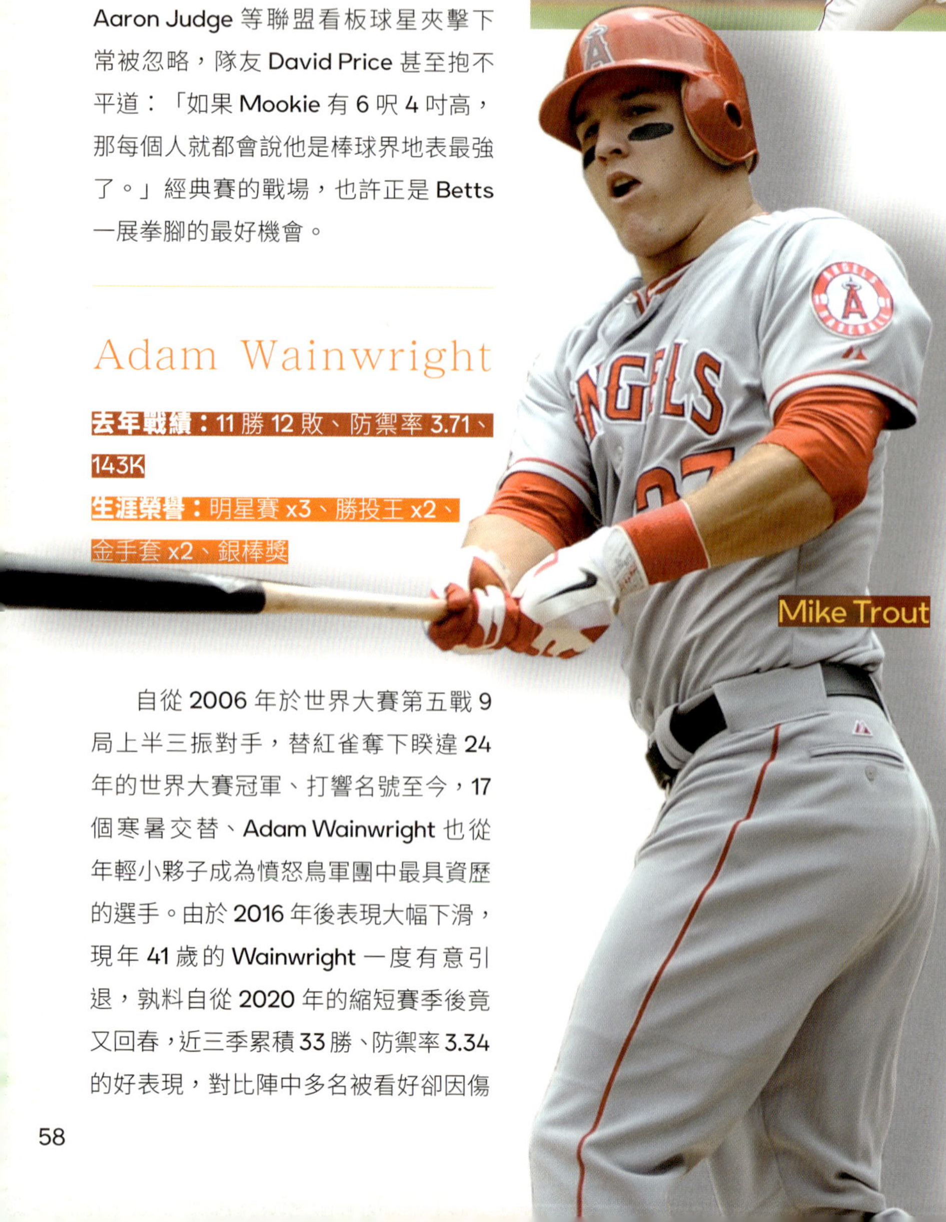

Mike Trout

去年戰績：打擊率 0.283、40 轟、80 打點、OPS 0.999
生涯榮譽：明星賽 x10、打點王、MVPx3、銀棒獎 x9

被視為是整個大聯盟門面的扛壩子級打者，Mike Trout 的球技水準相信無須贅言，所有人關心的重點反而在於：會不會又被傷病所困擾？早年頭好壯壯穩定出賽的盛況已回不去，2021 年罕見地僅打了 36 場，上季也進出傷兵名單出賽不到 120 場，儘管打擊效率依舊驚人，但潛在的傷病多發因子卻成為不安定的場內因素。

其實 Trout 是美國隊中最早宣佈要為國出征的好手，7 月就已經發表聲明並被任命為隊長，並大大提高其餘好手入隊的意願。根據本人表示，上屆經典賽本來被列入參賽名單，卻因個人家庭因素而臨時退出，成為心中一大遺憾，這次重披國家隊戰袍，不奪冠誓不歸。

姓名	出生	投／打	2022 年效力
投手			
Jason Adam	1991.08.04	右／右	MLB 坦帕灣光芒
Daniel Bard	1985.06.25	右／右	MLB 科羅拉多落磯
David Bednar	1994.10.10	右／左	MLB 匹茲堡海盜
Kendall Graveman	1990.12.25	右／右	MLB 芝加哥白襪
Merrill Kelly	1988.10.14	右／右	MLB 亞歷桑納響尾蛇
Lance Lynn	1987.05.12	右／兩	MLB 芝加哥白襪
Nick Martinez	1990.08.05	右／左	MLB 聖地牙哥教士
Miles Mikolas	1988.08.23	右／右	MLB 聖路易紅雀
Adam Ottavino	1985.11.22	右／兩	MLB 紐約大都會
Ryan Pressly	1988.12.15	右／右	MLB 休士頓太空人
Brooks Raley	1988.06.19	左／左	MLB 紐約大都會
Brady Singer	1996.08.04	右／右	MLB 堪薩斯市皇家
Adam Wainwright	1981.08.30	右／右	MLB 聖路易紅雀
Devin Williams	1994.09.21	右／右	MLB 密爾瓦基釀酒人
捕手			
Kyle Higashioka	1990.04.20	右／右	MLB 紐約洋基
J.T. Realmuto	1991.03.18	右／右	MLB 費城費城人
Will Smith	1995.03.28	右／右	MLB 洛杉磯道奇
內野手			
Pete Alonso	1994.12.07	右／右	MLB 紐約大都會
Tim Anderson	1993.06.23	右／右	MLB 芝加哥白襪
Nolan Arenado	1991.04.16	右／右	MLB 聖路易紅雀
Paul Goldschmidt	1987.09.10	右／右	MLB 聖路易紅雀
Trea Turner	1993.06.30	右／右	MLB 洛杉磯道奇
Bobby Witt Jr.	2000.06.14	右／右	MLB 堪薩斯市皇家
外野手			
Mookie Betts	1992.10.07	右／右	MLB 洛杉磯道奇
Jeff McNeil	1992.04.08	右／左	MLB 紐約大都會
Cedric Mullins	1994.10.01	右／右	MLB 巴爾的摩金鶯
Kyle Schwarber	1993.03.05	右／左	MLB 費城費城人
Mike Trout	1991.08.07	右／右	MLB 洛杉磯天使
Kyle Tucker	1997.01.17	右／左	MLB 休士頓太空人

POOL C

Paul Goldschmidt

去年戰績：打擊率 0.317、35 轟、115 打點、OPS 0.981

生涯榮譽：明星賽 x7、全壘打王、打點王、MVP、銀棒獎 x5、金手套 x4

用老來俏形容 Paul Goldschmidt 一點都不為過，年過 34 竟然打出生涯年數據並奪下個人首座年度 MVP 大獎。事實上從打擊各項數據加上腳程、守備能力、出勤率綜合考量，從入行之後他一直都是國聯最好的一壘手，沒有之一，即使在國家隊也是屬於核心人物。

其實 Goldschmidt 是上屆經典賽成員，可惜遭逢低潮，中途甚至被 Eric Hosmer 取而代之，只能坐在板凳上欣賞隊友一路打到總冠軍，此次說是雪恥之旅大概不為過。Goldschmidt 表示：「穿上國家隊戰衣的感覺真的很棒，那是我打棒球以來最美好的體驗之一，所以能再度成為其中一員，是求之不得的事情。」這位沙場老將油箱裡不僅還有油，而且是滿的！各隊投手罩子都得放亮點……。

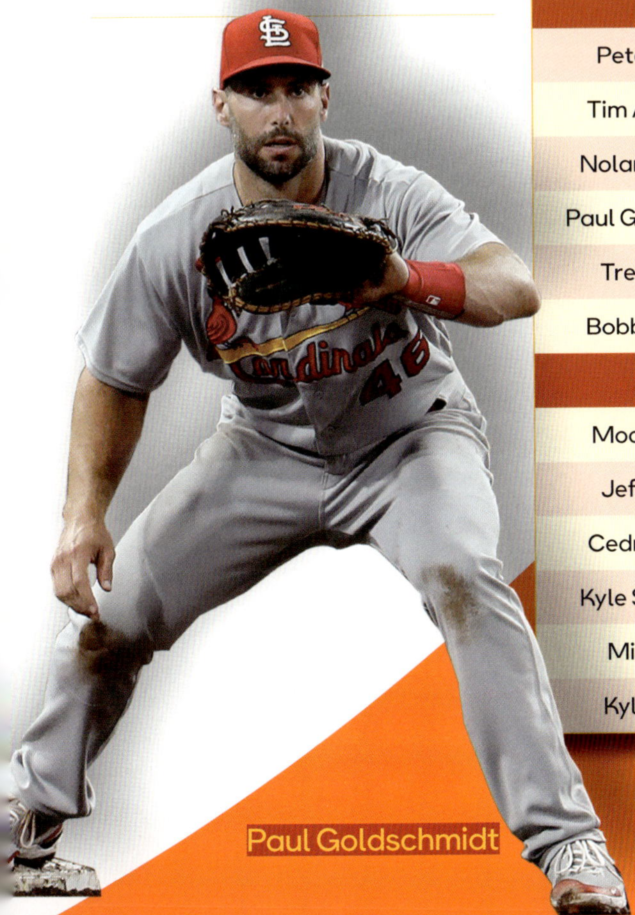

Paul Goldschmidt

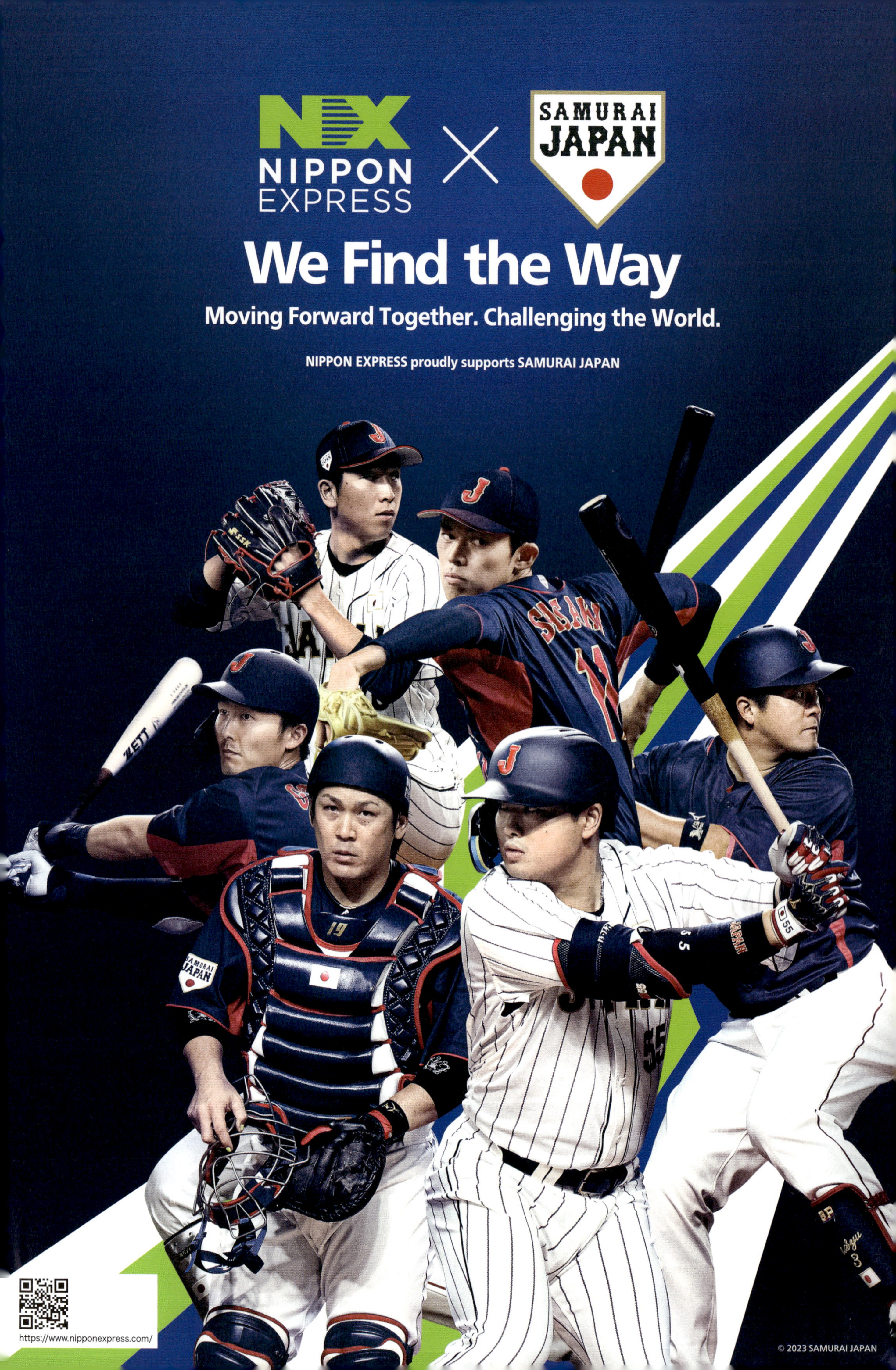
NX
NIPPON
EXPRESS
×
SAMURAI
JAPAN
We Find the Way
Moving Forward Together. Challenging the World.
NIPPON EXPRESS proudly supports SAMURAI JAPAN
https://www.nipponexpress.com/
© 2023 SAMURAI JAPAN

墨西哥

文／運動的場上風景

國家基本資料

主要語言	西班牙語
首都	墨西哥城
人口	129,150,971
國土面積	1,972,550KM²
貨幣	墨西哥披索

教練團

職稱	姓名
總教練	Benji Gil
板凳教練	Vinny Castilla
打擊教練	Jacob Cruz
打擊教練	Bobby Magallanes
投手教練	Horacio Ramirez
一壘教練	Gil Velazquez
三壘教練	Tony Perezchica
牛棚教練	Elmer Dessens

主力投手陣容

先發	J. Urias、P. Sandoval、J. Urquidy、T. Walker
中繼	W. Rios、A. Martinez、J. Assad、L. Cessa
終結者	G. Gallegos

歷屆 WBC 參賽戰績

2006 年	第一屆 八強賽／第二輪
2009 年	第二屆 八強賽／第二輪
2013 年	第三屆 分組賽／第一輪
2017 年	第四屆 分組賽／第一輪

夠瘋夠嗆辣，但仍需更多穩定

堅實的先發投手戰力是此屆墨西哥最嗆辣賣點，由去年國聯防禦率王 Julio Urias 領軍，加上 Jose Urquidy、Taijuan Walker、Patrick Sandoval 等大聯盟一線投手，各個都正值當投，縱使放眼各國仍是本次賽會數一數二令人稱羨的輪值。

對比之下，牛棚顯然遜色不少，主因在這批後援多有明顯缺陷，且過往幾屆領先多分卻仍大失血砸鍋的畫面歷歷在目，此次陣中明顯具壓制力者亦寥寥可數，舉凡 Javier Assad 過於年輕控球欠佳、Luis Cessa 能負擔長局數但有容易挨長打風險，Adrian Martinez 則是穩定性不夠，想牢牢守住比賽，可能還是得寄望紅雀佈局投手 Giovanny Gallegos 扛下守護神。過去兩年 Gallegos 征戰近 150 局、身為牛棚鋼鐵人的他將是一枚調度活棋，加上幾名先發可能適時支援，後援群實力仍有機會向上攀升。

相比投手端的穩健，「就不要被我咬到」的極端攻擊風格則存有一點變數。前幾棒可能人選 Joey Meneses、Alek Thomas 能推能拉，殺傷力不容小覷，如能綿密敲安，進入中心棒次將是看點所在，特別是曾在季後賽殺紅眼的 Randy Arozarena 若發揮人來瘋特質加上單季 20 轟炮瓦，其長打威能將有機會成為擊沉對手的致命重拳。至於 Alex Verdugo 排在中心打線可穩定軍心，此君素以穩健著稱，對戰左右投無明顯弱點，關鍵時刻同樣有大將之風，是打線中最恐怖的狙擊手。至於幾名盲砲將展現「一棒擊沉」、開強振換紅不讓的豪打模式，包含 Isaac Paredes、Rowdy Tellez 一左一右兩尊砲手，都是打擊率極低但被咬到絕對讓對手痛不欲生的類型。

墨西哥的打擊能力從不需要擔憂，但你知道嗎？上屆賽會他們 3 戰掃進 24 分卻仍早早於分組賽遭淘汰，投手大量失血雖是主因，但團隊磨合度不佳、關鍵時刻易自爆等心態問題也是重要變數。今屆從徵召過程到外界評價的攀升都充分說明了球隊戰鬥力絕非易與，氣勢正旺的他們若能克服過去種種瑕疵、100% 進入狀況，將有機會成為突圍而出的一匹大黑馬。

Juilo Urias

去年戰績：17 勝 7 敗、防禦率 2.16、166K

生涯榮譽：勝投王、防禦率王

16 歲即成名與豪門道奇簽約的少年名投，近幾年兌現潛力、上季更成為賽揚獎大熱門，已成為聯盟一線左投代表。除了擁有均速近 93 英哩的速球和兩顆頂尖的變化球外，武器庫中還有威力不俗的滑球和能製造滾地的二縫線速球，加上隨道奇隊多次征戰世界大賽，早已練就大心臟抗壓性，會是此屆墨西哥與強國一拚或是晉級關鍵最重要的一張王牌。

Patrick Sandoval

去年戰績：6 勝 9 敗、防禦率 2.91、151K

這幾年與大谷翔平組成天使隊左右護法，擁有多種策略且武器庫相當豐富的 Sandoval，雖然偶有保送失常等控球問題，但一旦進入節奏後便很難被敵手掌握，生涯對戰左打被打擊率甚至不到 1 成 90，搭配誘惑性十足的變速球、高轉速曲球與高進壘點的四縫線速球，難以被針對性對付，能夠徹底打倒他的可能也只剩自己了⋯。

Alejandro Kirk

去年戰績：打擊率 0.285、14 轟、63 打點、OPS 0.786

生涯榮譽：明星賽、銀棒獎

能攻擅守的新生代鐵面人，擊球方面具有強力判斷直覺，進而造就精密選球、難以被投手欺瞞的本壘板紀律，配合上精確扎實的揮棒、極低被三振率，彷彿是將身為球場司令官的冷靜思考也帶入擊球。而防守上經過這幾年磨練後偷好球技巧也得到好評、阻殺動作乾淨俐落，有機會成為未來幾年捕手代表人物，更是能從本質上改變墨西哥的優質球手。

Randy Arozarena

去年戰績：打擊率 0.263、20 轟、89 打點、OPS 0.773、32 盜

生涯榮譽：新人王、美聯冠軍戰 MVP

身為第一位效力墨西哥的古巴選手，將為團隊注入滿滿的加勒比海風情。黝黑陽光的 Arozarena 擁有一般人印象中古巴戰將該有的驚人爆發力，極具運動能力，揮棒速度非常快，能跑能轟的身手曾為其博得「古巴火箭」美名，加上曾有過大比賽連續開轟壯舉，會是掣動打線的重要靈魂人物。

姓名	出生	投／打	2022 年效力
投手			
Erubiel Armenta	2000.03.11	左／左	費城費城人 A+
Javier Assad	1997.07.30	右／右	MLB 芝加哥小熊
Manny Barreda	1988.10.08	右／右	墨西哥聯盟
Luis Cessa	1992.04.25	右／右	MLB 辛辛那提紅人
Jesus Cruz	1995.04.15	右／右	MLB 亞特蘭大勇士
Giovanny Gallegos	1991.08.14	右／右	MLB 聖路易紅雀
Felipe Gonzalez	1991.08.15	右／右	墨西哥聯盟
Adrian Martinez	1996.12.10	右／右	MLB 奧克蘭運動家
Gerardo Reyes	1993.05.13	右／右	MLB 洛杉磯天使
Wilmer Rios	1994.03.03	右／右	墨西哥聯盟
Jake Sanchez	1989.08.19	右／右	墨西哥聯盟
Patrick Sandoval	1996.10.18	左／左	MLB 洛杉磯天使
Julio Urias	1996.08.12	左／左	MLB 洛杉磯道奇
Jose Urquidy	1995.05.01	右／右	MLB 休士頓太空人
Cesar Vargas	1991.12.30	右／右	日職歐力士猛牛
Taijuan Walker	1992.08.13	右／兩	MLB 紐約大都會
Samuel Zazueta	1996.11.21	左／左	墨西哥聯盟
捕手			
Austin Barnes	1989.12.28	右／右	MLB 洛杉磯道奇
Alejandro Kirk	1998.11.06	右／右	MLB 多倫多藍鳥
內野手			
Jonathan Aranda	1998.05.23	右／左	MLB 坦帕灣光芒
Isaac Paredes	1999.02.18	右／右	MLB 坦帕灣光芒
Rowdy Tellez	1995.03.16	左／左	MLB 密爾瓦基釀酒人
Alan Trejo	1996.05.30	右／右	MLB 科羅拉多落磯
Luis Urias	1997.06.03	右／右	MLB 密爾瓦基釀酒人
Roberto Valenzuela	1995.03.03	右／右	墨西哥聯盟
外野手			
Randy Arozarena	1995.02.28	右／右	MLB 坦帕灣光芒
Jose Cardona	1994.03.16	右／右	墨西哥聯盟
Jarren Duran	1996.09.05	右／左	MLB 波士頓紅襪
Joey Meneses	1992.05.06	右／右	MLB 華盛頓國民
Alek Thomas	2000.04.28	左／左	MLB 亞歷桑納響尾蛇
Alex Verdugo	1996.05.15	左／左	MLB 波士頓紅襪

候補選手： Victor Castaneda、Oliver Perez、Roel Ramirez、Alan Rangel、JoJo Romero

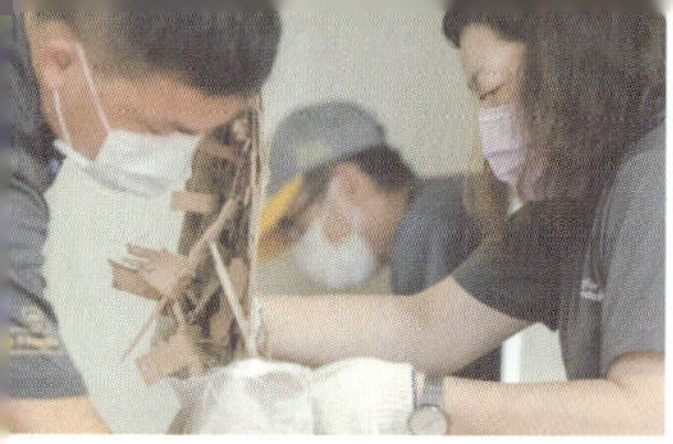

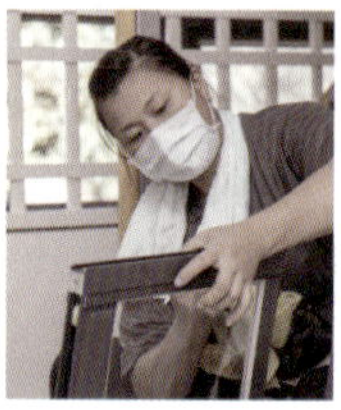

Make it Possible!
改變 有我們撐你

Canada

加拿大

文／高睿鴻

國家基本資料

主要語言	英語、法語
首都	渥太華
人口	38,929,902
國土面積	9,984,670KM²
貨幣	加幣

歷屆 WBC 參賽戰績

2006 年	第一屆	分組賽／第一輪
2009 年	第二屆	分組賽／第一輪
2013 年	第三屆	分組賽／第一輪
2017 年	第四屆	分組賽／第一輪

教練團

職稱	姓名
總教練	Ernie Whitt
投手教練	Denis Boucher
一壘教練	Larry Walker
三壘教練	Tim Leiper
牛棚教練	Paul Quantrill
教練	Greg Hamilton
教練	Russell Martin

主力投手陣容

先發	C. Quantrill、N. Pivetta、M.Bratt、N. Skirrow
中繼	R. Zastryzni、J. Axford、A. Albers、T. Brigden
終結者	M. Brash

黑馬當中，最亮眼的那一匹

本屆經典賽將與美國、墨西哥等北美強權同組，哥倫比亞陣中亦有多名優質大聯盟選手，意味著加拿大隊晉級之路注定艱辛。然而，卻不代表他們沒有一戰的實力：首先，打線徵召到不少現役 MLB 好手，如目前效力釀酒人隊、可鎮守內野中線的 Abraham Toro，他生涯在 3A 攻擊指數 OPS 值逼近 1；還有近兩年替紅雀敲出 48 轟、138 打點的外野重炮 Tyler O'Neill；至於剛登上大聯盟的年輕小伙 Otto Lopez、百大新秀榜上有名的 Bo Naylor，則分別擔任游擊、捕手等重要位置。

即使不缺強棒，但打線最讓人驚豔之處，無疑仍是當今 MLB 首屈一指強打 Freddie Freeman 點頭加入楓葉大軍，搭配去年小聯盟成績不惡的 Jared Young、Jacob Robson，加拿大打線其實不容小覷。相較之下投手深度較差，但短期賽仍有機會靠調度以小搏大。Cal Quantrill 去年在守護者交出 15 勝、3.38 防禦率不俗表現，將可擔綱輪值領頭羊；另外也徵召到 10 勝級的 Nick Pivetta，他近兩年都在 MLB 先發超過 30 場。

加拿大目前仍沒有明確 3、4 號先發，但去年效力遊騎兵隊 1A、先發 18 場並繳出 K／9 值 11.0 的 Mitch Bratt；以及同樣在費城人 2A 交出高三振率的 Noah Skirrow，或許都是競爭人選。整體輪值群顯然很考驗總教練 Ernie Whitt 的調度功力。牛棚方面，上季在 MLB 每 9 局投出 11 次三振的 Matt Brash、以及效力光芒小聯盟，59 局飆出 80 次三振的 Trevor Brigden，都應當獲得重用。

2011 年國聯救援王 John Axford 如今已是近 40 歲老將，近況難以預期。除了 Axford，加拿大牛棚也擁有 Andrew Albers、Adam Loewen 這些上個 10 年曾活躍於大聯盟的老球皮。因此，雖然楓葉軍可能仍得期望打線以及 Quantrill 和 Pivetta 保住基本盤，但這些近況不詳的老經驗投手，或許才是左右戰局之關鍵。投打兩端皆有大聯盟選手、或至少不差的農場球員奧援，讓加拿大成為黑馬中最亮眼的一匹。

尤其短期賽不確定性更高，楓葉軍陣容已具備爆冷擊退美墨的強度，若能拿下必須要贏的哥倫比亞和英國，那麼加拿大距離隊史首次闖入八強，或許就只差一些好運氣。

Freddie Freeman

去年戰績：打擊率 0.325、21 轟、100 打點、OPS 0.918、13 盜

生涯榮譽：明星賽 x6、金手套、銀棒獎 x3、MVP

近 7 年打擊率六度高於 3 成、進攻產值 wRC+ 值連 10 季高於 132，顯示 Freeman 不只強，穩定度更是如同機器。更可怕的是他近 3 年更上層樓，進攻三圍提升至 3 成 17 ／ 4 成 10 ／ 0.527，同期間內全 MLB 只有 4 位打者 OPS 值高於他。這位效力強權道奇隊的超級球星生涯 6 次入選明星賽、甚至還拿過聯盟 MVP，進攻實力驚人之外守備亦不惡。因此，雖然加拿大整體實力、深度仍不如美墨等強隊，但若 Freeman 拿出最好狀態，一夫當關力挽狂瀾並非完全不可能。過去 3 季，他年年三振率低於 16%、保送率平均高於 12%，卻仍有 0.5 以上長打率，這位近乎完美的打者絕對是所有投手的夢魘。

Cal Quantrill

去年戰績：15 勝 5 敗、防禦率 3.38、128K

三振能力不佳、上季每 9 局三振數僅 6.2，大概是 Quantrill 的最大軟肋。由於國家隊守備狀態預測難度高，能否在國際賽投出好表現恐怕也不是那麼好說。但他在 MLB 靠著穩定控球、多球種交互搭配，以及守護者隊堅強守備陣容加持，近兩年累積主投 336 局、留下防禦率 3.16 漂亮成績。雖然進階數據 FIP 值 4.1、xFIP 值 4.41 都沒有防禦率那麼出色，但面對強度不如 MLB 的經典賽隊伍應該是很夠用了。另一方面由於加拿大投手深度不佳，所以也更需要 Quantrill 拿出王牌級表現。

Nick Pivetta

去年戰績：10 勝 12 敗、防禦率 4.56、175K

與 Quantrill 狀況類似，Pivetta 在 MLB 也屬於不太起眼、數據算不上頂尖，但依舊很堪用並且能吃不少局數的輪值要角。與 Quantrill 相反的是，Pivetta 屬於控球較弱的威力型投手，靠著均速突破 94 英哩、垂直位移量明顯的快速球，搭配下墜量極大的曲球，近兩季寫下每 9 局三振數 9.4 的成績；但另一方面每 9 局也得保送 3.7 人、挨轟 1.4 次。雖然強弱點明顯，但進階數據 FIP 值、xFIP 值都低於 4.5，顯示他仍算一名稱職的中後段先發。

Bo Naylor

去年戰績：打擊率 0.257、15 轟、47 打點、OPS 0.880、9 盜（3A）

雖然名氣較大、上季在守護者隊交出不錯打擊成績 Josh Naylor 因傷無法趕上經典賽；但他的弟弟將為加拿大把守本壘大關。今年獲選 MLB 官網百大新秀第 64 名，Bo Naylor 上季分別在 2A、3A 打出 0.898、0.880 攻擊指數高檔火力。雖然守備評價不算高，但年僅 23 歲依舊前途無量，打擊成熟度更超越許多年輕捕手，甚至腳程不錯、還能盜壘。他去年已升上 MLB 小試身手，或許仍待更多磨練，但現階段已是加拿大隊最耀眼的明日之星。

Matt Brash

去年戰績：4 勝 4 敗、防禦率 4.44、9 中繼、62K

每分鐘逼近 3000 轉、驚人的變化

球轉速，是許多人對 Brash 第一印象。誇張的球路位移軌跡，讓他菜鳥賽季就替水手隊貢獻 50.2 局、62 次三振的表現。但他的控球同樣讓人不敢恭維，去年僅 47% 球路通過好球帶、每 9 局保送近 6 次。但值得注意的是，水手隊於 5 月初下放 Brash、並將他轉職牛棚後，其投球效率便顯著好轉。自 7 月回歸 MLB 後雖然每 9 局仍得保送 4.7 次、但三振數同時高達 12.6，因此防禦率降到 2.35、FIP 值更只有 1.97。直球均速超過 97 英哩、曾擔任先發投手，也說明加拿大或許不該將他當成單純的一局投手。

Matt Brash

Bo Naylor

姓名	出生	投／打	2022 年效力
投手			
Andrew Albers	1985.10.06	左／右	未出賽
Phillippe Aumont	1989.01.07	右／左	未出賽
John Axford	1983.04.01	右／右	未出賽
Matt Brash	1998.05.12	右／右	MLB 西雅圖水手
Mitch Bratt	2003.07.03	左／左	德州遊騎兵 1A
Trevor Brigden	1995.09.20	右／左	坦帕灣光芒 3A
Indigo Diaz	1998.10.14	右／右	亞特蘭大勇士 2A
R.J. Freure	1997.07.06	右／右	亞特蘭大勇士 A+
Adam Loewen	1984.04.09	左／左	未出賽
Scott Mathieson	1984.02.27	右／右	未出賽
Nick Pivetta	1993.02.14	右／右	MLB 波士頓紅襪
Cal Quantrill	1995.02.10	右／左	MLB 克里夫蘭守護者
Evan Rutckyj	1992.01.31	左／右	澳職墨爾本王牌
Noah Skirrow	1998.07.21	右／右	費城費城人 3A
Cade Smith	1999.05.19	右／右	克里夫蘭守護者 2A
Curtis Taylor	1995.07.25	右／右	華盛頓國民 3A
Rob Zastryzny	1992.03.26	左／右	MLB 洛杉磯天使
捕手			
Kellin Deglan	1992.05.03	右／左	多倫多藍鳥 3A
Bo Naylor	2000.02.21	右／左	MLB 克里夫蘭守護者
Andy Yerzy	1998.07.05	右／左	亞歷桑納響尾蛇 2A
內野手			
Freddie Freeman	1989.09.12	右／左	MLB 洛杉磯道奇
Edouard Julien	1999.04.30	右／左	明尼蘇達雙城 2A
Otto Lopez	1988.10.01	右／右	MLB 多倫多藍鳥
Damiano Palmegiani	2000.01.24	右／右	多倫多藍鳥 A+
Abraham Toro	1996.12.20	右／兩	MLB 西雅圖水手
外野手			
Owen Caissie	2002.07.08	右／左	芝加哥小熊 A+
Denzel Clarke	2000.05.01	右／右	奧克蘭運動家 A+
Tyler O'Neill	1995.06.22	右／右	MLB 聖路易紅雀
Jacob Robson	1994.11.20	右／左	底特律老虎 3A
Jared Young	1995.07.09	右／左	MLB 芝加哥小熊

—哥倫比亞—

文／Matt Chang

國家基本資料

主要語言	西班牙語
首都	波哥大
人口	52,156,254
國土面積	1,141,748KM²
貨幣	哥倫比亞披索

歷屆 WBC 參賽戰績

前三屆皆未參賽

2017 年 | 第四屆
分組賽／第一輪

主力投手陣容	
先發	J. Quintana、J. Teheran、N.Crismatt、R.Sanmartin、L. De Avila
中繼	T. Guerrero、G. Zuniga、D. Correa
終結者	J. Romero

教練團

職稱	姓名
總教練	Jolbert Cabrera
板凳教練	Jose Mosquera
投手教練	Walter Miranda
打擊教練	Jorge Cortes
助理教練	Edgar Renteria

勢難低估的低調強者

哥倫比亞是第二次打進經典賽會內賽，普通球迷一時半刻間也很難叫出該國著名的現役大聯盟球員，就是這樣低調乍看不起眼的球隊，很有可能會扮豬吃老虎。

別的不說，攤開打線，哥國派出的全都是大聯盟現役球員，其中不乏固定先發等級野手，諸如天使 Gio Urshela、紅人 Donovan Solano 雖說不是重砲，也都是以球技紮實火力輸出穩定著稱，Elias Diaz 則是落磯隊主戰捕手、過去曾有單季 18 轟產量，與他類似發展軌跡的還有同位置的 Jorge Alfaro，外野手 Harold Ramirez 則在光芒混得風生水起，上季攻擊指數逼近 0.75 的穩定水準。其餘成員去年表現雖不及上述隊友，但年齡多在 30 歲以下的黃金期，短期賽事調整得宜一樣能夠成為有力輔助。論打線實力同組當然是不如美國隊，星度看似略比墨西哥遜色，但哥倫比亞的進攻串聯效率顯然是被低估了。

投手方面陣容不算華麗但夠用，一號先發首推 Jose Quintana，歷經將近 2 年的迷航終於浴火重生成功，三振能力不如以往，卻因曲球的逆勢進化讓伸卡球威力更勝一籌，能製造更多軟弱擊球，締造生涯最低防禦率的一季，地位可說是絕對王牌。而哥倫比亞首戰對手便是最重要假想敵墨西哥，這場他如能成功壓制，晉級機會將大大增加。陣中二把手為前勇士輪值要角 Julio Teheran，上季未獲大聯盟合約，都在獨盟與墨聯出賽等待機會，以使用大量伸卡球見長，球威較弱需要縮短主投局數搭配牛棚車輪戰才能提高勝率。另一位能打硬仗的則是教士隊牛棚投手 Nabil Crismatt，此君為變速球魔人，單季使用比率竟然高達 5 成，三振率高且滾地球比也極為亮眼，過去曾有先發底子，也許他的出場順位會更往前。效力於紅人的年輕左投 Reiver Sanmartin 球技不是問題，自信心不足容易過於閃躲高階打者，若主投同組打線較弱的英國與加拿大應該綽綽有餘。牛棚部分亮點不多，可將注意力放在可能接手關門大任的大聯盟菜鳥 Jhon Romero，其高三振比與極佳控球特性未來必有不錯職涯前景，另外後段局數可用左投人數眾多也是一大特點。

總體而言，哥倫比亞可戰之兵眾多，儘管都不是 A 級球星，整合起來團隊戰力不容小看，甚至有爆冷擠掉墨西哥出線的機率存在。

焦點球星

Jose Quintana

去年戰績：6 勝 7 敗、防禦率 2.93、137K

生涯榮譽：明星賽

生涯年投球內容幫自己獲得大都會一張 2 年 2,600 萬美金新合約，Quintana 已無後顧之憂可全力為經典賽備戰。上一屆他就已是國家隊成員，還主投對美國一戰，有效壓制 5.2 局僅被敲出 1 安，論經驗、球技、近況，關鍵戰役登場先發迎敵不做第二人選。Quintana 有個特點很容易被忽略，上季他是整個大聯盟先發投手中最會投出「很像好球的壞球」的其中一人，球路欺敵性高，球迷在觀看其登板先發時可驗證此役絕技是否有傳說中那麼犀利！

Gio Urshela

去年戰績：打擊率 0.285、13 轟、64 打點、OPS 0.767

因守備欠佳與選球耐心不足等問題在上季開打前被交易到雙城後，Urshela 似乎重新找到節奏，被三振率明顯降低且獲得保送次數創生涯新高，守備率也大有進步，身為單季在大聯盟有 15 至 20 轟能耐的內野手，國家隊非常需要他的火力及時雨。

姓名	出生	投／打	2022 年效力
投手			
Elkin Alcala	1997.08.02	右／右	墨西哥聯盟
Adrian Almeida	1995.02.25	左／左	墨西哥聯盟
Luis De Avila	2001.05.29	左／左	亞特蘭大勇士 A+
Danis Correa	1999.08.26	右／右	芝加哥小熊 3A
Nabil Crismatt	1994.12.25	右／右	MLB 聖地牙哥教士
William Cuevas	1990.10.14	右／兩	韓職 KT 巫師
Rio Gomez	1994.10.20	左／左	波士頓紅襪 2A
Yapson Gomez	1993.10.02	左／左	墨西哥聯盟
Tayron Guerrero	1991.01.09	右／右	日職千葉羅德
Jose Quintana	1989.01.24	左／右	MLB 聖路易紅雀
Jhon Romero	1995.01.17	右／右	MLB 明尼蘇達雙城
Reiver Sanmartin	1996.04.15	左／左	MLB 辛辛那提紅人
Julio Teheran	1991.01.27	右／右	墨西哥聯盟
Ezequiel Zabaleta	1995.08.20	右／右	獨立聯盟
Guillermo Zuniga	1998.10.10	右／右	洛杉磯道奇 2A
捕手			
Jorge Alfaro	1993.06.11	右／右	MLB 聖地牙哥教士
Elias Diaz	1990.11.17	右／右	MLB 科羅拉多落磯
Meybris Viloria	1997.02.15	右／左	MLB 德州遊騎兵
內野手			
Jordan Diaz	2000.08.13	右／右	MLB 奧克蘭運動家
Dayan Frias	2002.06.25	右／兩	克里夫蘭守護者 1A
Evan Mendoza	1996.09.01	右／右	聖路易紅雀 3A
Fabian Pertuz	2000.09.01	右／右	芝加哥小熊 A+
Adrian Sanchez	1990.08.16	右／右	華盛頓國民 3A
Donovan Solano	1987.12.17	右／右	MLB 辛辛那提紅人
Gio Urshela	1991.10.11	右／右	MLB 明尼蘇達雙城
外野手			
Gustavo Campero	1997.09.20	右／兩	洛杉磯天使 2A
Jesus Marriaga	1998.12.17	右／右	獨立聯盟
Oscar Mercado	1994.12.16	右／右	MLB 克里夫蘭守護者
Tito Polo	1994.08.23	右／右	墨西哥聯盟
Harold Ramirez	1994.09.06	右／右	MLB 坦帕灣光芒

候補投手：Santiago Florez、Ruben Galindo、Pedro Garcia、Jasier Herrera、Jeffry Nino、Carlos Ocampo、Jose Torres

Great Britain
英國

文／Kumi

國家基本資料

主要語言	英語
首都	倫敦
人口	67,791,400
國土面積	243,610KM²
貨幣	英鎊

歷屆 WBC 參賽戰績

前四屆皆未參賽

主力投手陣容	
先發	I. Gibaut、T. Viza、V. Worley
中繼	D. Benoit、D. Cooper、M. Roth
終結者	T. Thomas

教練團

職稱	姓名
總教練	Drew Spencer
板凳教練	Antoan Richardson
投手教練	Zach Graefser
打擊教練	Brad Marcelino
牛棚教練	Conor Brooks
一壘教練	Albert Cartwright
三壘教練	TS Reed
助理打擊教練	Jonathan Cramman

Vance Worley

首度闖進會內賽 每一步都是歷史

英國隊由美國籍教頭 Drew Spencer 領軍，在資格賽以 3 戰全勝之姿晉級，且總共攻下 32 分，火力不容小覷，不過進入會內賽面對更高層級的投手，每一戰都將是難關。

英國隊將以資格賽陣容為主體征戰 C 組賽事，成員現在大多為小聯盟球員及獨立聯盟選手。由於是短期賽事，預計會繼續使用投手車輪戰，分工不會過於明確。輪值包括 Ian Gibaut 、Vance Worley 及 Akeel Morris 都是擁有大聯盟資歷的好手，27 歲的左投 McKenzie Mills 也會是先發可用之兵。此外去年來台效力中信兄弟、今年成功回鍋的美籍洋投泰樂，由於在英國出生獲得參賽資格，也讓球隊多一名先發人選。

後援部分除有 K 功不俗的紅人新秀 Donovan Benoit 外，前遊騎兵左投 Michael Roth 在資格賽場場出賽、勞苦功高，也有望在牛棚獲得一席之地。守護神重責大任預計交給海盜 2A 農場、來自巴哈馬的 Tahnaj Thomas，他在資格賽後援 2 戰都未失分、表現可圈可點。

攻擊端方面，開路先鋒將由水手大物捕手 Harry Ford 扛起，他在資格賽場場開轟，打擊率突破 4 成，屆時將是英國隊點燃攻勢的關鍵。除了這位 20 歲的超級新人外，去年在道奇隊繳出生涯代表作的外野手 Trayce Thompson，也因為父親來自巴哈馬而獲得參賽資格，他的加入對於英國隊來說，無論在戰力與士氣上，都是一大提升。

英國同組對手除有星光熠熠的衛冕軍美國，加拿大、墨西哥及哥倫比亞等美洲勁旅也都非省油的燈，大不列顛軍團只要拿下 1 勝都足以載入史冊。他們在資格賽展現驚人韌性，若能乘著這股氣勢，加上對手都有非贏不可的壓力，或許能激發出「下剋上」的奇蹟。

焦點球星

Harry Ford

去年戰績：打擊率 0.274、11 轟、65 打點、OPS 0.863、23 盜（1A）

今年 2 月才滿 20 歲 Harry Ford，在去年選秀首輪獲得水手隊青睞，是當年度選秀評價僅次狀元 Henry Davis 的捕手，反方向的攻擊能力讓球隊留下深刻印象，球探報告更讚他的打擊型態令人想起名人堂強打「DH 之神」Edgar Martinez，獲得相當高的評價。而在登上 MLB 最高殿堂前，Ford 有望先在國際賽舞台上讓自己的名字更加響亮。雙親都來自英國的他早在去年 9 月就於德國舉辦的資格賽亮相，面對西班牙一役開轟、單場灌進 3 打點，助團隊一舉取得隊史首次的會內賽資格，3 月份的 WBC 正賽有望看到他展現備受期待的火力。

Vance Worley

去年戰績：6 勝 9 敗、防禦率 4.89、56K（獨立聯盟）

現年 35 歲的 Vance Worley 生涯從費城人起步，2011 年菜鳥年繳出 11 勝 3 敗、防禦率 3.01 的優異成績，在該年新人王票選榮獲國聯第三位，僅次當時勇士隊的 Craig Kimbrel 與 Freddie Freeman。可惜的是他「出道即巔峰」，後來受到傷勢影響表現大不如前，流浪多隊後在 2017 年季後離開大聯盟舞台，近兩年都在獨立聯盟打拚。

由於母親來自香港，Worley 上屆一度傳出將代表中國參賽，不過最終並未成行。此次則進入英國隊名單，並在資格賽就披掛上陣，面對法國中繼 1 局無失分、對決西班牙先發 3 局失掉 4 分自責分。身為英國隊陣中少數具有大聯盟資歷的資深老將，他的多年沙場經驗將可為輪值帶來穩定軍心的作用。

姓名	出生	投／打	2022 年效力
投手			
Donovan Benoit	1999.01.22	右／右	辛辛那提紅人 A+
Daniel Cooper	1986.11.06	右／右	未出賽
Chavez Fernander	1997.07.07	右／右	底特律老虎 2A
Ian Gibaut	1993.11.19	右／右	MLB 辛辛那提紅人
Joseph King	2001.02.23	右／右	業餘
Ryan Long	1999.10.19	右／右	巴爾的摩金鶯 1A
McKenzie Mills	1995.11.19	左／左	獨立聯盟
Akeel Morris	1992.11.14	右／右	獨立聯盟
Cam Opp	1995.11.04	左／左	紐約大都會 2A
Michael Petersen	1994.05.16	右／右	科羅拉多落磯 Rk
Michael Roth	1990.02.15	左／左	未出賽
Andre Scrubb	1995.01.13	右／右	休士頓太空人 1A
Graham Spraker	1995.03.19	右／右	多倫多藍鳥 3A
Tahnaj Thomas	1999.06.16	右／右	匹茲堡海盜 2A
Tyler Viza	1994.10.21	右／右	中職中信兄弟
Alex Webb	1994.07.19	右／右	未出賽
Vance Worley	1987.09.25	右／右	獨立聯盟
捕手			
Harry Ford	2003.02.21	右／右	西雅圖水手 1A
Jamie Ritchie	1993.04.09	右／右	匹茲堡海盜 3A
內野手			
Alex Crosby	1993.07.30	右／左	獨立聯盟
Lucius Fox	1997.07.02	右／兩	MLB 華盛頓國民
B.J. Murray	2000.01.05	右／兩	芝加哥小熊 A+
Nick Ward	1995.10.19	右／左	獨立聯盟
Justin Wylie	1996.08.26	右／右	獨立聯盟
外野手			
D'Shawn Knowles	2001.01.16	右／兩	洛杉磯天使 A+
Matt Koperniak	19998.02.08	右／左	聖路易紅雀 3A
Anfernee Seymour	1995.06.24	右／兩	獨立聯盟
Trayce Thompson	1991.03.15	右／右	MLB 洛杉磯道奇
Darnell Sweeney	1991.02.01	右／兩	獨立聯盟
Chavez Young	1997.07.08	右／兩	多倫多藍鳥 3A

候補投手：Malik Binns、Richard Brereton、Jake Esch、Gunnar Groen、Branden Noriega、Jack Seppings、Matteo Sollecito

POOL C

2023 年第五屆世界棒球經典賽分組賽
D 組賽程一覽
2023 World Baseball Classic POOL D GAME SCHDULE

波多黎各　/　委內瑞拉　/　多明尼加　/　以色列　/　尼加拉瓜

主球場：LoanDepot Park　　　　　**出賽日期：3/11～3/15**

2023/3/11（六）

12:00 PM EST GAME1
- 尼加拉瓜
- 波多黎各

07:00 PM EST GAME2
- 多明尼加
- 委內瑞拉

2023/3/12（日）

12:00 PM EST GAME3
- 尼加拉瓜
- 以色列

07:00 PM EST GAME4
- 委內瑞拉
- 波多黎各

2023/3/13（一）

12:00 PM EST GAME5
- 多明尼加
- 尼加拉瓜

07:00 PM EST GAME6
- 以色列
- 波多黎各

2023/3/14（二）

12:00 PM EST GAME7
- 尼加拉瓜
- 委內瑞拉

07:00 PM EST GAME8
- 以色列
- 多明尼加

2023/3/15（三）

12:00 PM EST GAME9
- 委內瑞拉
- 以色列

07:00 PM EST GAME10
- 波多黎各
- 多明尼加

—波多黎各—

文／李秉昇

國家基本資料

主要語言	西班牙語
首都	聖胡安
人口	3,285,874
國土面積	9,104KM²
貨幣	美金

教練團

職稱	姓名
總教練	Yadier Molina
板凳教練	Alex Cintron
投手教練	Ricky Bones
打擊教練	Victor Rodriguez
助理打擊教練	Juan Gonzalez
一壘教練	Jose Molina
三壘教練	Luis Rivera
牛棚教練	Jose Rosado

主力投手陣容

先發	J. Berrios、M. Stroman、D. Hamel、J. De Leon
中繼	E. Pagan、J. Lopez、A. Diaz、J. Moran
終結者	E. Diaz

歷屆 WBC 參賽戰績

2006 年｜第一屆
八強賽／第二輪

2009 年｜第二屆
八強賽／第二輪

2013 年｜第三屆
亞軍

2017 年｜第四屆
亞軍

傳奇捕手領軍 MLB 級陣容 團隊凝聚力高漲

連續 2 屆都闖進經典賽總冠軍戰的波多黎各，過往的帳面陣容硬要比較，其實排不進經典賽最強的前兩名，可是卻能屢創佳績，關鍵就在於他們的團隊凝聚力和氛圍極佳，背後的靈魂人物則是 Molina 捕手家族。

上屆尚具球員身份的 Yadier Molina 就曾被報導發起國家隊聊天群組，有效連結隊友感情，就像彼此身上塗上黏著劑、打造合作無間的團隊。此番 Molina 卸下球員身份、改執兵符，即使名義上是菜鳥教頭，可是從上屆他在經典賽的領導，還有生涯中後期扛下紅雀隊場上指揮官的豐富經驗，就知道波多黎各在其執教下凝聚力肯定穩固。此外，Molina 旗下的教練團陣容亦非常堅強，包含太空人打教 Alex Cintron、U23 國家隊總教練 Juan Gonzalez、還有 Molina 家族二哥 Jose Molina 等人，因此教練團預計會是團隊優勢之一。

戰力面上波國跟許多拉美國家類似，都是以大聯盟球員為基底，輔以一部分小聯盟和日、韓職棒球員。投手端顯得相對頭重腳輕，不管先發還是後援皆有 2 至 3 位整體實力優於大聯盟平均值的強投坐鎮，但深度上就有較多小聯盟和實力介於大、小聯盟間的球員。當然，對比其他沒有那麼多 MLB 球員的國家，這標準是有些嚴苛了，但畢竟波多黎各向來實力堅強，故也不妨以較高規格來檢視。

野手部門雖然 Carlos Correa 沒能參賽，但戰力仍頗完整，有大聯盟明星級的內野中線、有新生代強打 Jose Miranda、也有老經驗的大聯盟球員 Enrique Hernandez 與 Eddie Rosario 坐鎮外野，更別提他們引以為傲的捕手群中還有傑出的 Christian Vazquez 和沙場老將 Martin Maldonado 來傳承 Molina 家族的影響力；整體而言，波多黎各在本屆仍不容列強小覷。

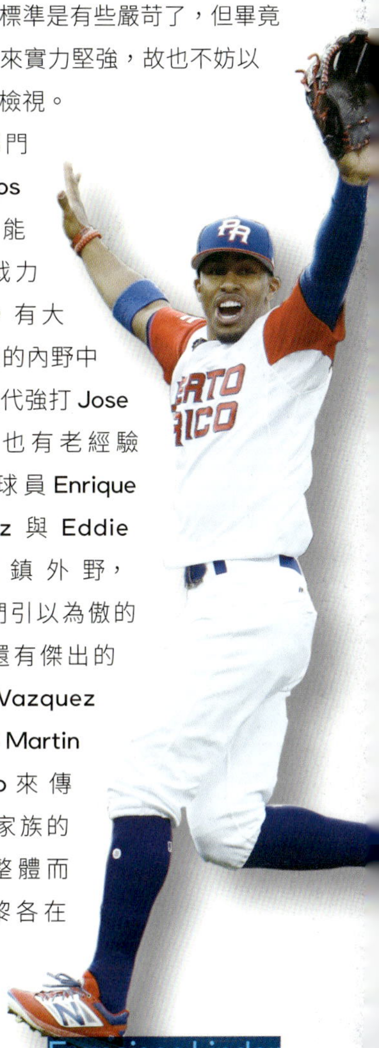
Francisco Lindor

Marcus Stroman

去年戰績：6 勝 7 敗、防禦率 3.50、119K

生涯榮譽：明星賽、金手套

母親正是來自波多黎各的 Stroman，前一屆就曾面臨要效力美國隊還是波多黎各隊的抉擇，2017 年他選擇了美國，最終榮獲賽會最有價值球員，而這次他則是改穿波多黎各球衣，成為隊上王牌投手。有趣的是，上屆冠軍戰幫助美國隊擊敗波多黎各的先發投手，正是當時主投 6 局只被打 1 支安打的 Stroman。Stroman 是長年在大聯盟表現穩定的先發投手，球場上鬥志十足，儘管三振能力普普，但多達 6 種不同球路的搭配打者很難捉摸，並不容易打得好，能否連拿兩只冠軍戒值得期待。

Javier Baez

Marcus Stroman

Francisco Lindor

去年戰績：打擊率 0.270、26 轟、107 打點、OPS 0.788、16 盜

生涯榮譽：明星賽 x4、銀棒獎 x2、金手套 x2

Lindor 是攻守兼優的大聯盟明星游擊手，開朗的笑容很有感染力。他上次參與經典賽時只是年僅 23 歲的年輕小夥子，雖然當年已入選過 MLB 明星賽，但還稱不上領導人物。這次 Lindor 打國家隊就不太一樣了，已貴為大聯盟巨星的他預料也會是波多黎各的球員領袖，在場上鎮守游擊大關，同時扮演鼓舞隊友、提醒場上情況的角色。球技面，Lindor 的特長是攻守兩端的穩定性，打擊上有長打也有選球，是教練可以放心交付重大責任的對象。

Jose Berrios

Jose Berrios

去年戰績：12 勝 7 敗、防禦率 5.23、149K

生涯榮譽：明星賽 x2

現年 28 歲的 Berrios 處在當打之年，最大特色是耐操耐投，只是在期程不長、又有諸多用球數限制的經典賽很難有效發揮。即使如此，擁有 94 英哩四縫線球和伸卡球，以及大曲球和變速球等 4 種球路搭配的他，仍然是波多黎各的重點先發投手。上個賽季在藍鳥，Berrios 投出生涯最糟糕的賽季之一，但在球威並未明顯衰退下，進壘點控制和配球模式也許是待解的問題所在。

Javier Baez

去年戰績：打擊率 0.238、17 轟、67 打點、OPS 0.671

生涯榮譽：明星賽x2、打點王、銀棒獎、金手套

「內野防守的魔術師、打擊區上的狂野大砲」大概是最能概括 Javier Baez 球風特色的兩大描述。雖然 Baez 能守游擊，但在國家隊他得將游擊大關讓賢給 Lindor，自己去守二壘，波多黎各因此能組成守備超群的二游中線。打擊端 Baez 一貫的風格就是幾乎無差別的揮大棒，保送不多但三振特多，不過被他咬中的球形成長打的機率通常不小，問題就在於能否製造足夠的擊球率。老實說這樣的打擊型態並不利於短期賽事，萬一陷入低潮恐淪為打線黑洞。

Edwin Diaz

去年戰績：防禦率 1.31、32 救援、4 中繼、118K
生涯榮譽：明星賽 x2、救援王

Diaz 去年憑藉絕佳的宰制力和充滿氣勢的進場曲「Narco」在全球棒壇聲名大噪，球季結束之後甚至和所屬的紐約大都會隊簽下破億美金延長合約，成為後援投手史上第一人。擁有均速破 99 英哩又充滿尾勁的火爆四縫線球，以及均速接近 91 英哩的絕殺滑球，上季 235 個打席就三振掉 118 人次，三振率超過 50%，壓制力可說是沒有其他投手能望其項背。有 Diaz 在，若比賽打完前 8 局波多黎各保持領先便形同提前結束。

Edwin Diaz

姓名	出生	投／打	2022 年效力
投手			
Jose Berrios	1994.05.27	右／右	MLB 多倫多藍鳥
Fernando Cruz	1990.03.28	右／兩	MLB 辛辛那提紅人
Alexis Diaz	1996.09.28	右／右	MLB 辛辛那提紅人
Edwin Diaz	1994.03.22	右／右	MLB 紐約大都會
Jose De Leon	1992.08.07	右／右	多倫多藍鳥 3A
Dominic Hamel	1999.03.02	右／右	紐約大都會 A+
Jorge Lopez	1993.02.10	右／右	MLB 明尼蘇達雙城
Anthony Maldonado	1998.02.06	右／右	邁阿密馬林魚 3A
Jovani Moran	1997.04.24	左／左	MLB 明尼蘇達雙城
Nicholas Padilla	1996.12.24	右／右	MLB 芝加哥小熊
Emilio Pagan	1991.05.07	右／左	MLB 明尼蘇達雙城
Yacksel Rios	1993.06.27	右／右	芝加哥白襪 3A
Dereck Rodriguez	1992.06.05	右／右	MLB 明尼蘇達雙城
Hector Santiago	1987.12.16	左／右	冬季聯盟
Marcus Stroman	1991.05.01	右／右	MLB 芝加哥小熊
Duane Underwood Jr.	1994.07.20	右／右	MLB 匹茲堡海盜
捕手			
Martin Maldonado	1986.08.16	右／右	MLB 休士頓太空人
Christian Vazquez	1990.08.21	右／右	MLB 休士頓太空人
內野手			
Javier Baez	1992.12.01	右／右	MLB 底特律老虎
Edwin Diaz	1995.08.25	右／右	休士頓太空人 3A
Francisco Lindor	1993.11.14	右／兩	MLB 紐約大都會
Jose Miranda	1998.06.29	右／右	MLB 明尼蘇達雙城
Vimael Machin	1993.09.25	右／左	MLB 奧克蘭運動家
Emmanuel Rivera	1996.06.29	右／右	MLB 亞歷桑納響尾蛇
Neftali Soto	1989.02.28	右／右	日職橫濱 DeNA 灣星
外野手			
Enrique Hernandez	1991.08.24	右／右	MLB 波士頓紅襪
MJ Melendez	1998.11.29	右／左	MLB 堪薩斯市皇家
Henry Ramos	1992.04.15	右／兩	韓職 KT 巫師
Eddie Rosario	1991.09.28	右／左	MLB 亞特蘭大勇士
Nelson Velazquez	1998.12.26	右／右	MLB 芝加哥小熊

候補投手： Jonathan Bermudez、Alex Claudio、Jose Espada、Luis Quinones

—委內瑞拉—

文／李秉昇

國家基本資料

主要語言	西班牙語
首都	卡拉卡斯
人口	29,789,730
國土面積	916,445KM²
貨幣	玻利瓦

歷屆 WBC 參賽戰績

2006 年	第一屆	八強賽／第二輪
2009 年	第二屆	四強賽／第三輪
2013 年	第三屆	分組賽／第一輪
2017 年	第四屆	八強賽／第二輪

教練團

職稱	姓名
總教練	Omar Lopez
板凳教練	Carlos Mendoza
打擊教練	Rodolfo Hernandez
投手教練	Ivan Arteaga
一壘教練	Rouglas Odor
三壘教練	Ramon Borrego
牛棚教練	Luis Ramirez

主力投手陣容

先發	P. Lopez、R. Suarez、G. Marquez、M. Perez
中繼	L. Garcia、J. Ruiz、D. Hernandez、J. Quijada
終結者	J. Alvarado

大聯盟星光熠熠 陣容深度更出色

以本屆拉美國家的陣容來看，說多明尼加是第一相信多數人不會反對，而若要選出個第二名，那應該就是委內瑞拉了。攤開委國球員名單，不僅幾乎所有球員都是大聯盟等級，而且還星光熠熠，有 6 名上季入選大聯盟明星賽的好手，包含非常年輕的超級新星帶來活力，也有像 Migueal Cabrera 這種已經參與到第五屆經典賽的元老成員帶來經驗和領導力，選手的組成實力堅強又多元。

野手方面毫無疑問是最大優勢，總教練 Omar Lopez 隨便一排、都能排出大聯盟明星隊等級的打線，且兼顧巧打、高上壘率、長程砲火、左右打平衡，可說是沒有死角。而原本傳出未被母隊亞特蘭大勇士放行的 Acuna Jr. 最終順利入隊，不僅是戰力上一大挹注，對球隊士氣來說也是大大提振。值得注意的是，內野替補球員一字排開——Omar Narvaez、Gleyber Torres、Luis Rengifo、Miguel Rojas、Eduardo Escobar，又是一組大聯盟等級的內野陣容，不禁讓人覺得十分奢侈。

Jose Altuve

投手群強度雖不若野手端頂尖，但放眼本屆經典賽依然非常強大，更重要的是深度驚人，大多去年都是大聯盟球隊倚賴的先發或後援人手，本文列出的 4 名預定先發投手即均在當投之年，且上季和近年皆有令人印象深刻的傑出表現。

中繼後援部分委國具備多名球威強、三振能力好的左投，算是一大特色，以百哩火球左投 Jose Alvarado 為首，搭配來自天使隊的 Jose Quijada，以及速球均速也有近 95 英哩水準的 Darwinzon Hernandez，壓制力頗為可觀。

至於本屆除了名義上的教練團，預計擔任指定打擊的 Cabrera 也算是球員間的老大哥兼領袖。個性風趣、喜愛與人打成一片的「Miggy」，應能在委內瑞拉球員休息區製造輕鬆氛圍和不少笑聲。

Luis Arraez

去年戰績：打擊率 0.316、8 轟、49 打點、OPS 0.795

生涯榮譽：明星賽、打擊王、銀棒獎

Arraez 是 2022 年美聯新科打擊王，打擊特色是出棒揮空率和被三振率極低，手眼協調和打擊技巧出色，能將各式各樣的來球打進場內，甚至有一定的紮實度。除此之外選球亦毫不馬虎，保送率能維持在聯盟平均水準之上，這也是為什麼他能在去年繳出一個「保送比三振還多」的賽季，此等表現放在現今處於大三振年代的大聯盟裡尤顯難得。以打擊型態來看，Arraez 肯定會是前段棒次的不二人選。

Luis Arraez

Miguel Cabrera

去年戰績：打擊率 0.254、5 轟、43 打點、OPS 0.622

生涯榮譽：明星賽 x12、全壘打王 x2、打擊王 x4、打點王 x2、三冠王、MVPx2、銀棒獎 x7

從 2006 年第一屆 WBC 開始，Cabrera 每屆都被列入委內瑞拉國家隊名單，足見在陣中的貢獻、重要性和地位。不過和過去幾屆比較大的差異是，現年 39 歲的 Cabrera 已不再是國家隊主砲，打擊火力和長程砲火完全無法跟巔峰期相比。如今他的主要職責應該是扮演精神領袖、甚至是半個教練的角色。即使如此，有他坐鎮委內瑞拉的球員休息區，勢必能起到穩定軍心、鼓舞士氣的效果，同時他的星度和知名度也能為這支隊伍帶來更多關注。

Ronald Acuna Jr.

Jose Altuve

去年戰績：打擊率 0.300、28 轟、57 打點、OPS 0.921、18 盜

生涯榮譽：明星賽 x8、打擊王 x3、MVP、盜壘王 x2、銀棒獎 x6、金手套

被臺灣球迷暱稱為「阿土伯」的 Altuve，是大聯盟賽場上知名的小鋼砲，挾著不到 170 公分的劣勢身材，卻仍能靠著優異的身體協調性，並利用太空人主場左外野較淺的特色，經常性完成單季 30 轟左右的產出。不僅具有很好的長打發揮，打擊率和選球能力也都有高水準，手眼協調優異的他不太容易被三振，還兼具優質的跑壘判斷及速度。去年二壘防守雖有比較明顯的衰退，不過在短期盃賽的影響應該不會太大，整體而言，Altuve 仍然會是委內瑞拉前段棒次的重要人物。

Ronald Acuna Jr.

去年戰績：打擊率 0.266、15 轟、50 打點、OPS 0.764、29 盜

生涯榮譽：明星賽 x3、銀棒獎 x2、盜壘王

原本一度不被勇士隊放行的 Acuna Jr.，到 2 月份官網公布名單前才終於圓了參與國家隊、打經典賽的心願。現年 25 歲的他是委內瑞拉新生代全能球星的代表人物，過去曾誇下海口說要在大聯盟創造單季 50 轟 50 盜的成就，雖然實際上要達成的難度很高，但他曾在 2019 年差點完成單季 40 轟、40 盜成就，足見其打擊和跑壘上的實力。近 2 年受到膝傷和腳傷影響，出賽頻率和跑壘表現都有所下滑，但在短期盃賽中其明星級身手仍不容小覷。

Miguel Cabrera

Andres Gimenez

去年戰績：打擊率 0.297、17 轟、69 打點、OPS 0.837、20 盜

生涯榮譽：明星賽、金手套

Gimenez 去年打出大聯盟生涯代表作，打、跑、守三個層面都繳出亮眼成績單，也因此獲得入選明星賽和金手套獎等殊榮。現年才 24 歲，儘管沒有太驚人的長程砲火，仍然算是一把長槍，搭配上夠理想的打擊率和上壘功夫，進攻端擺在後段棒次也很夠用了。他的最大賣點在於強大的內野中線防守能力，另外去年盜壘成功率極高，23 次嘗試只失敗 3 次，速度破壞力預料也會是他在經典賽賽場上亮相的武器之一。

Andres Gimenez

姓名	出生	投／打	2022 年效力
投手			
Jose Alvarado	1995.05.21	左／左	MLB 費城費城人
Silvino Bracho	1992.07.17	右／右	MLB 亞特蘭大勇士
Jhoulys Chacin	1988.01.07	右／右	MLB 科羅拉多落磯
Edwin Escobar	1992.04.22	左／左	日職橫濱 DeNA 灣星
Luis Garcia	1996.12.13	右／右	MLB 休士頓太空人
Carlos Hernandez	1997.03.11	右／右	MLB 堪薩斯市皇家
Darwinzon Hernandez	1996.12.17	左／左	MLB 波士頓紅襪
Pablo Lopez	1996.03.07	右／左	MLB 邁阿密馬林魚
Andres Machado	1993.04.22	右／右	MLB 華盛頓國民
German Marquez	1995.02.22	右／右	MLB 科羅拉多落磯
Martin Perez	1991.04.04	左／左	MLB 德州遊騎兵
Jose Quijada	1995.11.09	左／左	MLB 洛杉磯天使
Jose Ruiz	1994.10.21	右／右	MLB 芝加哥白襪
Ranger Suarez	1995.08.26	左／左	MLB 費城費城人
捕手			
Robinson Chirinos	1984.06.05	右／右	MLB 巴爾的摩金鶯
Omar Narvaez	1992.02.10	右／左	MLB 密爾瓦基釀酒人
Salvador Perez	1990.05.10	右／右	MLB 堪薩斯市皇家
內野手			
Luis Arraez	1997.04.09	右／左	MLB 明尼蘇達雙城
Jose Altuve	1990.05.06	右／右	MLB 休士頓太空人
Miguel Cabrera	1983.04.18	右／右	MLB 底特律老虎
Eduardo Escobar	1989.01.05	右／兩	MLB 紐約大都會
Andres Gimenez	1998.09.04	右／左	MLB 克里夫蘭守護者
Miguel Rojas	1989.02.24	右／右	MLB 邁阿密馬林魚
Luis Rengifo	1997.02.26	右／兩	MLB 洛杉磯天使
Eugenio Suarez	1991.07.18	右／右	MLB 西雅圖水手
Gleyber Torres	1996.12.13	右／右	MLB 紐約洋基
外野手			
Ronald Acuna Jr.	1997.12.18	右／右	MLB 亞特蘭大勇士
Yonathan Daza	1994.02.28	右／右	MLB 科羅拉多落磯
David Peralta	1987.08.14	左／左	MLB 坦帕灣光芒
Anthony Santander	1994.10.19	右／兩	MLB 巴爾的摩金鶯

候補投手： Endrys Briceno、Max Castillo、Enmanuel De Jesus、Jhonathan Diaz、Norwith Gudino、Elieser Hernandez、Jesus Luzardo、Eduardo Rodriguez、Anthony Vizcaya、Angel Zerpa

Dominican Republic
—多明尼加—

文／李秉昇

國家基本資料

主要語言	西班牙語
首都	聖多明哥
人口	10,694,700
國土面積	48,671KM^2
貨幣	多明尼加披索

教練團

職稱	姓名
總教練	Rodney Linares
板凳教練	Tony Diaz
打擊教練	Luis Ortiz
助理打擊教練	Frank Valdez
投手教練	Wellington Cepeda
助理投手教練	Jose Cano
一壘教練	Julio Borbon
三壘教練	Ramon Santiago

主力投手陣容

先發	S. Alcantara、C. Javier、R. Contreras、J. Cueto
中繼	C. Doval、R. Montero、G. Soto、L. Garcia
終結者	B. Abreu

歷屆 WBC 參賽戰績

2006 年	第一屆 四強賽／第三輪
2009 年	第二屆 分組賽／第一輪
2013 年	第三屆 冠軍
2017 年	第四屆 八強賽／第二輪

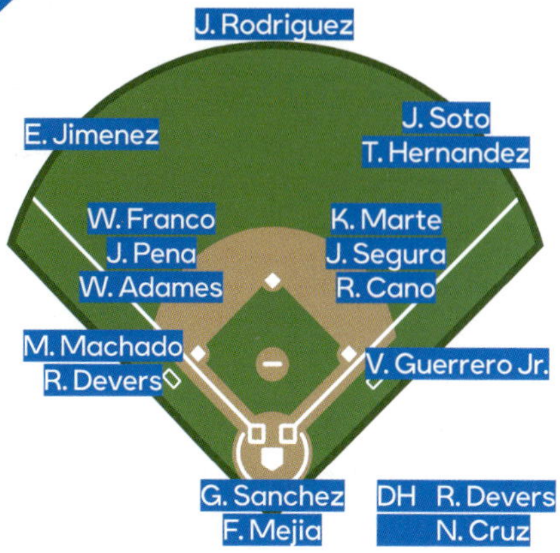

超狂大聯盟全明星陣容
問鼎冠軍來勢洶洶

坐擁大量頂級大聯盟球員的多明尼加，陣容不只是用「大聯盟球員如雲」就足以形容，而是根本已經組成了一支全明星隊。說真的，若把國籍跟照片遮住，只看這些球員上個賽季在大聯盟的數據，你會以為這就是全明星隊的資料列。

這次多明尼加由名將 Nelson Cruz 擔任球隊總管兼球員，請他來打造這支超強國家隊。先發投手由去年國聯賽揚獎得主 Sandy Alcantara 領銜，搭配上季在世界大賽投出 6 局無安打內容的 Cristian Javier、近年異軍突起的 23 歲海盜鮮肉 Roansy Contreras、還有老經驗的 Johnny Cueto，先發戰力兼具如日中天的投球技藝、青春爆發力和老道經驗。

後援戰力則是超級火球男的大匯集，或許部分人選控球時而太狂野，但大多數都有成為大聯盟終結者的實力，百英哩速球將成為這組牛棚的常見技能，至少一顆能夠在球數領先時順利搶三振的犀利變化球，也是每個成員都具備的武器。比賽在中段之後若球隊還保持領先，無論領先幅度多大，對手恐怕都凶多吉少。

野手陣容更可稱得上是大聯盟球迷心目中的夢幻明星隊，每個守備位置都至少有競逐大聯盟銀棒獎實力者，內野部門甚至人人都有潛力問鼎年度 MVP。單看打擊面也沒什麼死角，高打擊率、高上壘率、強大的長打砲火，硬要挑毛病可能就是捕手 Gary Sanchez 揮空率太高，可是他的純揮棒力量仍然相當可怕，被他全力揮中的球要留在場內機率不大。

總的來看，多明尼加團隊沒有什麼明顯缺點，每項戰力環節跟其他國家代表隊擺在一起看，要不是很具有優勢、就是至少不會輸。相信絕大多數的專家分析和媒體預測，都會把多明尼加列為奪冠大熱門之一，與強權美國相比也是有過之而無不及。

Sandy Alcantara

Sandy Alcantara

去年戰績：14 勝 9 敗、防禦率 2.28、207K

生涯榮譽：明星賽 x2、賽揚獎

Alcantara 甫拿下 2022 年國聯賽揚獎，投球續航力非常好，但同時又能維持高水準投球內容，比賽中面對危機總是能沉著以對、不自亂陣腳，很受到教練信任。技術面來看，Alcantara 球威剛猛，5 種可用球路當中只有曲球均速不到 90 英哩，其他 4 種都高於 90，而四縫線球的均速更高達 98 英哩，用「可怕」來形容不過剛好。兼具好的控球和高滾地球率，對手不容易從他手中打出品質太好的擊球，因此被打擊率都能保持優於大聯盟平均的水準，是不可多得的王牌等級投手。

Manny Machado

Juan Soto

Vladimir Guerrero Jr.

Manny Machado

去年戰績：打擊率 0.298、32 轟、102 打點、OPS 0.898

生涯榮譽：明星賽 x6、金手套 x2、銀棒獎

Machado 去年才在國聯 MVP 票選拿下第二名成績，只輸給美國隊的 Paul Goldschmidt。攻守兼優的他雖已年過 30，但打擊火力和三壘防守依然維持頂尖，進攻端在大聯盟能輸出一個賽季近 3 成打擊率、30 轟、百打點的水準，守備或許喪失了一些範圍，但仍然很值得信賴。更重要的是，以往在大聯盟頭幾個賽季為人詬病的不成熟性格，經過長年雕琢愈趨成熟，這幾個賽季在教士也被稱讚具備不錯的領導統御能力。

Vladimir Guerrero Jr.

去年戰績：打擊率 0.274、32 轟、97 打點、OPS 0.818

生涯榮譽：明星賽 x2、全壘打王、金手套、銀棒獎

每次看 Guerrero 揮棒，都不免為了被他爆擊的棒球一掬同情之淚。繼承絕佳棒球基因的他揮棒力量和速度都極度驚人，因而能創造強大的擊球初速。以去年為例，他平均 92.8 英哩的擊球初速在大聯盟能排進前 10 名，也曾在 2021 年以 48 轟榮膺大聯盟全壘打王，因此，Guerrero 預計能提供多明尼加中心打線強大的長程砲火。除此之外，跟他名人堂父親的無差別式打法不同，Guerrero 的選球和保送率都有高於 MLB 平均值的水準，對投手來說更難以對付。

Juan Soto

去年戰績：打擊率 0.242、27 轟、62 打點、OPS 0.853

生涯榮譽：明星賽 x2、銀棒獎 x3、打擊王

Soto 或許是大聯盟史上選球紀律和球路辨識最為出色的年輕球員之一，從 19 歲登上 MLB 到現在，他通算的保送率 19.1% 比聯盟平均值多出整整一倍還有餘。不僅如此，Soto 的打擊技巧和長程砲火也相當夠水準，而這也是為什麼他能夠在 5 年大聯盟生涯中就抱回 3 座銀棒獎，現階段累積的生涯 OPS 達到 0.950，經進階校正過後比同期聯盟平均值好上不只 50%。雖然去年在國民和教士的打擊

率有所下滑、面臨低潮，但年僅 24 歲的他還有反彈和成長的空間，所以並不令人擔憂，有望追逐「邁向偉大」的生涯目標。

Julio Rodriguez

去年戰績：打擊率 0.284、28 轟、75 打點、OPS 0.853、25 盜

生涯榮譽：明星賽、銀棒獎

J-Rod 是上個賽季美聯新人王，也是新生代多明尼加好手當中，身手最為全面、未來性最受到期待的新星。其打擊天賦毋庸置疑，揮棒力量和長打實力都足以跟隊上幾名大明星前輩相提並論，但他預料能為國家隊提供更多的額外價值：出色的中外野防守和頂級的跑壘速度。過去能在大聯盟菜鳥年就完成單季「20 轟、20 盜」的選手並不多，J-Rod 去年便締造了這項成就。短期盃賽中，他的速度應該能帶來不小的破壞力。

Julio Rodriguez

姓名	出生	投／打	2022 年效力
投手			
Bryan Abreu	1997.04.22	右／右	MLB 休士頓太空人
Sandy Alcantara	1995.09.07	右／右	MLB 邁阿密馬林魚
Diego Castillo	1994.01.18	右／右	MLB 西雅圖水手
Roansy Contreras	1999.11.07	右／右	MLB 匹茲堡海盜
Johnny Cueto	1986.02.15	右／右	MLB 芝加哥白襪
Camilo Doval	1997.07.04	右／右	MLB 舊金山巨人
Jarlin Garcia	1993.01.18	左／左	MLB 舊金山巨人
Luis Garcia	1987.01.30	右／右	MLB 聖地牙哥教士
Yimi Garcia	1990.08.18	右／右	MLB 多倫多藍鳥
Cristian Javier	1997.03.26	右／右	MLB 休士頓太空人
Jose Leclerc	1993.12.19	右／右	MLB 德州遊騎兵
Rafael Montero	1990.10.17	右／右	MLB 休士頓太空人
Hector Neris	1989.06.14	右／右	MLB 休士頓太空人
Gregory Soto	1995.02.11	左／左	MLB 底特律老虎
捕手			
Gary Sanchez	1992.12.02	右／右	MLB 明尼蘇達雙城
Francisco Mejia	1995.10.27	右／兩	MLB 坦帕灣光芒
內野手			
Willy Adames	1995.09.02	右／右	MLB 密爾瓦基釀酒人
Robinson Cano	1982.10.22	右／左	MLB 亞特蘭大勇士
Rafael Devers	1996.10.24	右／左	MLB 波士頓紅襪
Wander Franco	2001.03.01	右／兩	MLB 坦帕灣光芒
Vladimir Guerrero Jr.	1999.03.16	右／右	MLB 多倫多藍鳥
Ketel Marte	1993.10.12	右／兩	MLB 亞歷桑納響尾蛇
Manny Machado	1992.07.06	右／右	MLB 聖地牙哥教士
Jeremy Pena	1997.09.22	右／右	MLB 休士頓太空人
Jean Segura	1990.03.17	右／右	MLB 費城費城人
外野手			
Nelson Cruz	1980.07.01	右／右	MLB 華盛頓國民
Teoscar Hernandez	1992.10.15	右／右	MLB 多倫多藍鳥
Eloy Jimenez	1996.11.27	右／右	MLB 芝加哥白襪
Julio Rodriguez	2000.12.29	右／右	MLB 西雅圖水手
Juan Soto	1998.10.25	左／左	MLB 聖地牙哥教士

候補投手：Ronel Blanco、Genesis Cabrera、Enyel De Los Santos、Carlos Estevez、Joel Payamps、Cesar Valdez

Israel 以色列

文／吳亞誠

國家基本資料

主要語言	希伯來文
首都	耶路撒冷
人口	9,668,480
國土面積	20,770-22,072 KM²
貨幣	新謝克爾

歷屆 WBC 參賽戰績

前三屆皆未參賽

2017 年 | **第四屆**
八強賽／第二輪

主力投手陣容	
先發	D. Kremer、R. Stock、J. Kalish
中繼	R. Bleier、J. Bird、J. Fishman
終結者	Z. Weiss

教練團

職稱	姓名
總教練	Ian Kinsler
板凳教練	Brad Ausmus
板凳教練	Jerry Narron
投手教練	Josh Zeid
打擊教練	Kevin Youkilis
牛棚教練	Nate Fish

奇蹟之隊，星光熠熠

2017 年首度參與經典賽盛會，在隊上無太多大聯盟選手的狀況下接連擊敗南韓、荷蘭、古巴等強隊，被《紐約時報》譽為「奇蹟之隊」。本屆以色列隊脫胎換骨，高達十多位現役大聯盟球員加入，期望在南美三強圍繞的 D 組再度扮演黑馬脫穎而出。

雖然說 Alex Bregman 與 Harrison Bader 以備戰新賽季為由婉拒邀約，但以色列打線仍有 Joc Pederson、Alex Dickerson、Danny Valencia 3 位 MLB 資歷豐富的球員坐鎮。雖說有大聯盟選手支撐，但整體年紀偏大，且多位球員已卸下職業球員身分、轉任教練職務多年，能否適應球賽強度仍待觀察。

由 Dean Kremer 帶領的投手群雖說沒有強大的先發投手陣容，但堅強牛棚足以讓球隊以車輪戰方式應戰短期盃賽。本屆點頭參加經典賽的選手中，有超過半數在大聯盟擔任中繼投手職務，包含洛磯隊的 Jake Bird、馬林魚老將左投 Richard Bleier 等人，堅強的鐵牛棚將為球隊在比賽後段提供強大安定感。

除了球員陣容與上一屆有大幅度的變動，以色列隊教練團也有重大改變。明星二壘手 Ian Kinsler 在東京奧運結束後卸下球員身分接任總教練，並延攬多位前大聯盟星級選手執教，包括坐擁 5 季 MLB 主帥經驗的 Brad Ausmus，全新球員與教練團陣容考驗 Kinsler 領導能力，是否首次帶隊就能打出好成績值得期待。

近年來以色列隊在國際賽有優異表現，是 6 支獲得 2020 年東京奧運（延至 2021 年舉辦）參賽資格的球隊之一，好成績自然吸引好球員加入。雖說有數位大聯盟球星婉拒加盟，但已組成隊史最強陣容，若能將比數拉近便能發揮堅強的牛棚優勢。欠缺經驗的教練團則是一大隱憂，能否快速應變場上變化可能成為左右戰局的關鍵。

焦點球星

Dean Kremer

去年戰績：8 勝 7 敗、防禦率 3.23、87K

Dean Kremer 被認為是今年金鶯隊進步最多的球員，大幅度變化的卡特球與曲球讓他今年創造大量滾地球，加入先發輪值無疑對以色列是一大助益。他曾在 2014 與 2015 年歐洲棒球錦標賽預選賽獲選為最佳投手，2016 年也曾代表國家隊出征 WBC 資格賽，早有豐富的國際賽經驗。2015 年 Kremer 成為首位在大聯盟選秀會獲選的以色列人，他的每一次投球都是猶太社群討論的話題，本屆經典賽點頭參加不僅對球隊實力有所幫助，身上背負的更是國家球迷的期望，是領導球隊再創佳績的關鍵成員。

Joc Pederson

去年戰績：打擊率 0.274、23 轟、70 打點、OPS 0.874

生涯榮譽：明星賽 x2

2013 年 Joc Pederson 曾代表以色列參加 WBC 資格賽，只可惜當年球隊未能闖進正式比賽。相隔 10 年，Pederson 已從小聯盟頂級新秀脫胎換骨成為大聯盟明星，再一次披掛藍白球衣上陣，為球隊提供強大長程火力。本次球隊徵召，Pederson 是最早答應參賽的大聯盟球星，並幫助團隊招募到多位大聯盟選手。2022 年 Pederson 經歷了生涯最成功的賽季之一，第二度入選 MLB 明星賽，他不僅能提供打擊砲火，四度問鼎世界大賽、兩度奪冠的資歷更能帶來以色列隊欠缺的大賽經驗。

姓名	出生	投／打	2022 年效力
投手			
Jake Bird	1995.12.04	右／右	MLB 科羅拉多洛磯
Richard Bleier	1987.04.16	左／左	MLB 邁阿密馬林魚
Daniel Federman	1998.09.18	右／左	巴爾的摩金鶯 A+
Jake Fishman	1995.02.08	左／左	MLB 邁阿密馬林魚
Brandon Gold	1994.09.16	右／右	科羅拉多落磯 3A
Colton Gordon	1998.12.20	左／左	休士頓太空人 A+
Andrew Gross	1996.09.19	右／右	坦帕灣光芒 2A
Jake Kalish	1991.07.09	左／兩	洛杉磯天使 3A
Alex Katz	1994.10.12	左／左	獨立聯盟
Adam Kolarek	1989.01.14	左／左	MLB 奧克蘭運動家
Evan Kravetz	1996.12.19	左／左	辛辛那提紅人 2A
Dean Kremer	1996.01.07	右／右	MLB 巴爾的摩金鶯
Jake Miednik	1996.05.01	左／右	克里夫蘭守護者 2A
Bubby Rossman	1992.06.29	右／右	MLB 費城費城人
Jacob Steinmetz	2003.07.19	右／右	亞歷桑納響尾蛇 Rk
Robert Stock	1989.11.21	右／左	韓職斗山熊
Joey Wagman	1991.07.25	右／左	墨西哥聯盟
Zack Weiss	1992.06.16	右／右	MLB 洛杉磯天使
Josh Wolf	2000.09.01	右／右	克里夫蘭守護者 1A
捕手			
Jakob Goldfarb	1996.06.23	右／左	匹茲堡海盜 1A
Ryan Lavarnway	1987.08.07	右／右	邁阿密馬林魚 3A
Garrett Stubbs	1993.05.26	右／左	MLB 費城費城人
內野手			
Zack Gelof	1999.10.19	右／右	奧克蘭運動家 3A
Spencer Horwitz	1997.11.14	右／左	多倫多藍鳥 3A
Ty Kelly	1988.07.20	右／兩	洛杉磯道奇 3A
Assaf Lowengart	1998.03.01	右／右	業餘
Noah Mendlinger	2000.08.09	右／左	聖路易紅雀 A+
Matt Mervis	1998.04.16	右／左	芝加哥小熊 3A
Danny Valencia	1984.08.19	右／右	未出賽
Michael Wielansky	1997.03.18	右／右	獨立聯盟
外野手			
Alex Dickerson	1990.05.26	左／左	MLB 亞特蘭大勇士
Joc Pederson	1992.04.21	左／左	MLB 舊金山巨人

候補投手：Rob Kaminsky、Shlomo Lipetz、Kyle Molnar

Nicaragua —尼加拉瓜—

文／Matt Chang

國家基本資料

主要語言	西班牙語
首都	馬納瓜
人口	6,301,880
國土面積	130,375 KM^2
貨幣	尼加拉瓜科多巴

歷屆 WBC 參賽戰績

前四屆皆未參賽

主力投手陣容	
先發	E. Ramirez、J. Loaisiga、JC Ramirez、O. Gutierrez、C. Rodriguez
中繼	R. Medrano、R. Theophile、J. Tellez
終結者	R. Raudes

教練團

職稱	姓名
總教練	Sandor Guido
板凳教練	Julio Sanchez
打擊教練	Luis Alen
投手教練	Jorge De Paula
投手教練	Cairo Murillo

入圍即肯定

隊史上首次打入會內賽、本身並非傳統棒球強國，上次出現球星級別的大聯盟選手則已經是至少 20 年前的往事，身處死亡之組的尼加拉瓜感覺是來湊咖陪公子打球，不過他們也不全然只有一面倒挨打的份。

別的不說，從至今公布的參賽名單看來，有 3 位選手上季還在大聯盟出賽，人數甚至勝過中華隊，其中擔任輪值要角的 Jonathan Loaisiga、Erasmo Ramirez 皆非泛泛之輩，前者是洋基牛棚重要中繼投手，火球能上看 100 英哩，過去也曾先發歷練過，想要從其手中取分談何容易。後者生涯前期在光芒曾有單季 11 勝紀錄，轉戰中繼後在上季投出生涯最低防禦率佳績，招牌卡特球是大殺器，光這兩尊一出動，絕對能搞得對手雞飛狗跳，其餘能派上場的先發投手多數也都有旅美資歷，僅管牛棚部分星度較低，仍有一定戰力，投手部門可說是尼加拉瓜的強項所在。

相較之下，尼加拉瓜整體打線頗遜，尤其兩位大物新秀 Mark Vientos 與 Freddy Zamora 相繼退出國家隊傷害甚大。最終出爐名單中以內野手 Cheslor Cuthbert 名氣最大，過去曾是百大新秀並在大聯盟打滾 6 季之久，儘管已經回到母國聯賽發展，身手尚在當打之年。在紅人體系 1 年之內連跳 3 級的 Brandon Leyton 也還算重點打者，而最後關頭才決定加入的 Alex Blandino 過去也曾在大聯盟走跳過，以高上壘能力著稱，捕手 Melvin Novoa 則是陣中長打能力較有看點的砲手。餘下其他打者大多待在國內聯賽、或身處小聯盟低階層級，恐難以撼動對方投手。總而言之，這套打線質量均欠佳、明顯競爭力不足。

整體觀之，尼加拉瓜算是投強打弱，戰術策略應該是先求壓低失分咬住對手，不過同組對手實在過於強大，要出線機會渺茫，觀賽重點會在於特定選手的發揮程度。

焦點球星

Jonathan Loaisiga

去年戰績：2 勝 3 敗 10 中繼 2 救援、防禦率 4.13、37K

出身棒球世家，Loaisiga 職棒之路起步非常坎坷，與巨人簽約後因傷遭到釋出，轉投至洋基發展卻旋即動了 Tommy John 手術。幸好老天爺賞飯吃，招牌速球仍在，從先發轉中繼後越投越快，上季四縫線均速已經達 98.1 英哩之譜，原只有變速球可供搭配，新近終於掌握滑球控制訣竅，多增加一種場上武器，已經是洋基牛棚不可或缺的佈局投手，高張力場面需要其三振能力化解危機。上屆就曾是國家隊成員的他參與過經典賽之資格賽，此次雖然強敵環伺，其球威無人敢輕視。

Erasmo Ramirez

去年戰績：4 勝 2 敗 5 中繼、防禦率 2.92、61K

成名甚早，Ramirez 儘管球速不出色，但變化球品質良好，很快在大聯盟獲得不少上場機會。然而手臂肌肉受傷復出後球速卻顯著下降，壓制力變差，成績曲線起伏甚大，好幾年已經淪為浪人幾乎上不了場。上季在國民隊獲得機會後，他開始思考投球策略，每次比賽前都會站在本壘板前拍照帶回休息室、開始研究以捕手視角該如何搭配武器庫各球種才能帶來最佳效果，此舉收穫甚大，同時手臂也恢復 100% 健康，速球均速達到生涯新高的 93.3 英哩，而卡特球的大量應用首度超過速球比重，使他重獲新生，成為優質中繼投手。來到國家隊，Ramirez 會是備受倚重的主力投手。

姓名	出生	投／打	2022 年效力
投手			
Joaquin Acuna	1991.03.07	右／右	冬季聯盟
Leo Crawford	1997.02.02	左／左	獨立聯盟
Fidencio Flores	1991.09.10	右／右	冬季聯盟
Kevin Gadea	1994.12.06	右／右	紐約大都會 2A
Duque Hebbert	2001.10.29	右／右	尼加拉瓜聯賽
Osman Gutierrez	1994.12.15	右／右	獨立聯盟
Jonathan Loaisiga	1994.11.02	右／右	MLB 紐約洋基
Ronald Medrano	1995.09.17	右／右	冬季聯盟
Erasmo Ramirez	1990.05.02	右／右	MLB 華盛頓國民
JC Ramirez	1988.08.16	右／右	明尼蘇達雙城 3A
Roniel Raudes	1998.01.16	右／右	獨立聯盟
Carlos Rodriguez	2001.11.27	右／右	密爾瓦基釀酒人 A+
Rodney Theophile	1999.09.16	右／右	華盛頓國民 A+
Junior Tellez	1990.07.01	右／右	冬季聯盟
Carlos Teller	1986.10.03	左／左	冬季聯盟
捕手			
Rodolfo Bone	2000.03.22	右 / 右	舊金山巨人 A+
Melvin Novoa	1996.06.17	右 / 右	義大利聯賽
內野手			
Benjamin Alegria	1997.08.06	右 / 右	冬季聯盟
Alex Blandino	1992.11.06	右 / 右	西雅圖水手 3A
Cheslor Cuthbert	1992.11.16	右 / 右	冬季聯盟
Elian Miranda	1999.03.31	右 / 右	冬季聯盟
Ivan Marin	1988.12.21	右 / 右	冬季聯盟
Wuillians Vasquez	1983.07.23	右 / 兩	未出賽
Brandon Leyton	1998.12.17	右 / 右	辛辛那提紅人 3A
Milkar Perez	2001.10.16	右 / 兩	西雅圖水手 1A
外野手			
Isaac Benard	1996.01.02	右 / 左	獨立聯盟
Dwight Britton	1987.07.17	右 / 右	冬季聯盟
Juan Montes	1995.05.15	右 / 兩	獨立聯盟
Sandy Bermudez	1994.09.08	右 / 右	冬季聯盟
Norlando Valle	1994.09.08	左 / 左	冬季聯盟

POOL D

讓世界看見我們的

熱情應援！

採訪、整理／正義鷹大俠　照片來源／悍創運動行銷股份有限公司

等待 6 年，WBC 世界棒球經典賽舞台再開，
臺灣也繼 2013 年再度爭取到分區賽事主辦權。
為了替主場的中華隊強力應援，
堪稱中華職棒 5 支球隊場邊最具特色的焦點—啦啦隊女孩破天荒於國際賽共組聯軍，
活潑熱情的風格不但將為地主隊打氣、帶領球迷熱舞吶喊，
也將向全球世界棒迷展現最具在地特色的棒球文化！

跟著我們用盡全力，把中華隊的氣勢喊出來！

團長 Rina Rakuten Girls

身為第一個在國際賽帶領啦啦隊應援的團長，壓力是一定有的，但確定要接下這個任務時還是非常興奮開心，對於過去常關注中華隊表現的我來說，代表國家更是莫大的榮譽，因此絕對會盡力帶領大家加油。

記得到臺中洲際棒球場陪我們一起應援、一起晉級，一起前進日本吧～

孟潔 Rakuten Girls

可以想像在跨國競爭的經典賽當中的緊張和刺激，也擔心自己和球迷的心臟能不能承受得住這種壓力（笑），因此我們會更認真練習、用心準備，以最好的表現來緩和現場氣氛。

雖然最愛的外國選手鈴木一朗已經退役，但只要奮力加油晉級，說不定還是有機會在日本碰到「朗神」耶♡♡♡

籃籃 Rakuten Girls

5 支球團啦啦隊聯合、加上中華隊與國際賽事，應援時我們一定會拿出最振奮人心、帶動士氣，或讓人感動的經典應援曲。而能和效力 Uni-Girls、職人精神滿點的艾璐再度並肩應援機會難得，也帶給我滿滿的安心感。

中華隊加油、挑戰總冠軍！

林襄 Rakuten Girls

很榮幸加入首支在臺灣為中華隊應援的啦啦隊，我會毫不保留、全力以赴，大家別忘了跟我齊聲吶喊喔！

Yuri Rakuten Girls

相較中職明星賽嘉年華式、氣氛和樂的夏日饗宴，中華隊在經典賽場場關鍵、球球精彩，應援起來一定更加緊張刺激，我們會拿出專業和熱情，希望跟著球隊前進東京、拿下冠軍。

希望帶領全場球迷成為中華隊最強後盾，讓外國球隊嘗嘗什麼是地主優勢，Fighting ！

盼望球迷進場用各式各樣特殊的妝扮和應援方式，陪我們秀出熱情～

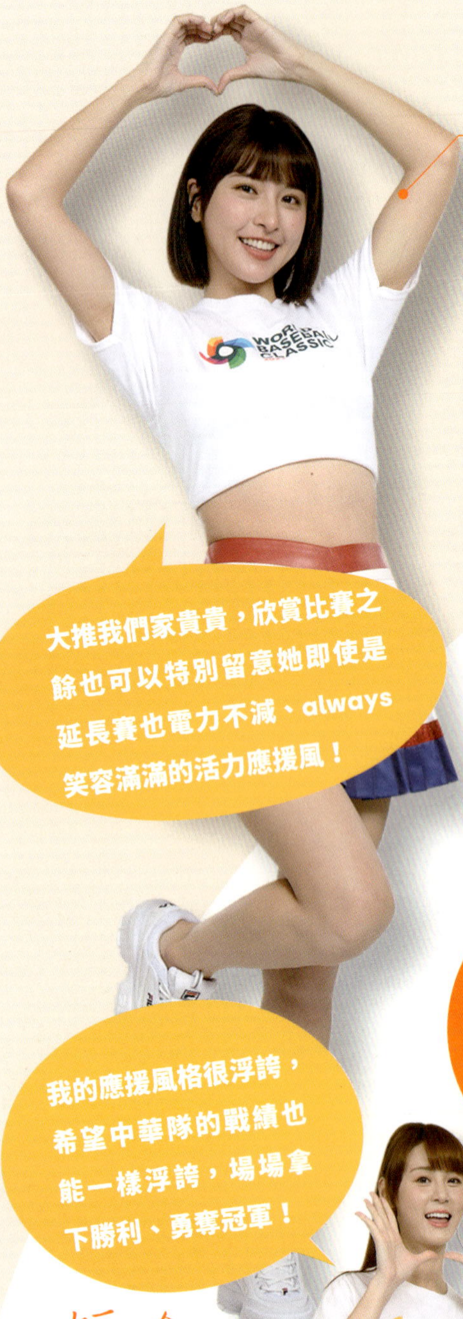

峮峮 Passion Sisters

「不管怎樣我都要參加！」這是當我被邀請加入 WBC 中華啦啦隊聯軍時的第一個想法，即要花時間和隊友培養默契或練習也毫不遲疑，能為經典賽應援的榮譽感更油然而生，超級期待到時候場上「中職一家親」、同仇敵愾的熱血。

大推我們家貴貴，欣賞比賽之餘也可以特別留意她即使是延長賽也電力不減、always 笑容滿滿的活力應援風！

貴貴 Passion Sisters

當選手上場比賽，背後有自家球迷、啦啦隊大聲加油，提供穩定軍心的力量很重要，我們會透過集訓展現專業、向心力和一致性的主場氣勢，讓國外球迷發現在臺灣看球非常重視全場一起呼喊、唱歌、加油的獨特氛圍。

5 隊女孩會穿上同一套服裝、磨練新舞步，希望為球迷帶來不同於中職明星賽的新鮮感！

球迷才是比賽的重點，無論中華隊有攻勢或暫時落後都需要陪伴和鼓舞，讓我們一起進場、創造全新的感動回憶。

我的應援風格很浮誇，希望中華隊的戰績也能一樣浮誇，場場拿下勝利、勇奪冠軍！

短今 Passion Sisters

WBC 是國際級的正式比賽，我們目標是增加中華隊士氣，所以花更多時間練習，記清楚每個選手的應援舞步、動作到位很重要，才不會音樂一下，瞬間卻發生「這首是什麼？！」的超窘反應（大笑）

Peggy Passion Sisters

去年中職明星賽就有過 50 位啦啦隊女孩齊力應援的經驗，雖然經典賽屬國際賽事、少了輕鬆氛圍，更要背負帶動士氣的壓力，但在女孩們彼此有默契，加上部分成員像我跳過亞洲職棒冠軍爭霸賽等經驗下，一定能克服訓練的困難和場上壓力，用力帶來好表現。

妮可 Passion Sisters

比賽時除了關注我們 Passion Sisters，建議也可以把焦點多放在幾名味全龍啦啦隊女孩身上喔！在明星隊跟同場演出時意外發現她們除了賣力跳舞，聲音也宏亮到即使相隔遙遠、現場吵雜都聽得見，對於吶喊時超容易破音的我來說真的是非常佩服。

內、外野都會有啦啦隊女孩的身影，希望球迷們齊聲大喊加油、任何角落都不孤單。

琪琪 Dragon Beauties

進入 Dragon Beauties 之前曾經在中華隊啦啦隊待過 5 年，陸續跳過像是 U-12 世界盃棒球賽、世界 12 強棒球賽等不同層級的國際賽事，所以蠻開心又能夠回到國際賽，尤其是 WBC 這麼大的舞台。

心璇 Dragon Beauties

我們的應援除了熱情跳躍，還會將聲音都毫不保留的奉獻出去、喊到「燒聲」也不停止，一起高呼球員的名字和口號為臺灣隊加油，百分百加倍投入，期盼帶動不管是內、外野的球迷都能動作劃一，震撼全場。

期待這次經典賽也能看到林子偉、王柏融等旅外好手有精彩表現，打出好成績！

味全龍粉絲要記得進場，展現我們平日培養的應援動力，吸引更多球迷跟著加油！

小映 Dragon Beauties

第一次參加經典賽應援非常期待，也想將平常在中職賽事應援時的感染力傳播到每個進場的球迷身上，希望他們除了專注場上比賽，也能跟著我們一起唱跳、鼓舞球隊士氣。

賴可 Dragon Beauties

雖然經典賽選在 3 月舉辦，有別於職棒季多數在夏天打，不過我會做好保暖準備（笑），同時熟記各種歌曲和舞步。畢竟不像中職明星賽啦啦隊聯軍應援時氣氛歡樂、球迷甚至期待看到你跳錯別隊舞步的糗樣，在國際賽場合一定要把最好的表現拿出來。

不只美、日職棒才有高水準，請熱愛美職或日職的球迷也務必要入場，感受臺灣棒球的進步和選手的努力。

Yuki Uni-Girls

由於跳過中職明星賽的啦啦隊聯軍，加上會多花時間練習，舞步對我而言應該不是大問題，反而是經典賽中華隊要拚輸贏，無法像中職明星賽那樣大家玩在一起的感覺，必須更認真應援加油。在此也要呼籲球迷、5 隊女孩齊聚一堂的機會不多，一定要把握這次的難得機會進場大聲加油。

希望幫助中華隊前進日本，或許有機會（順便）見到最愛的外國球星、效力讀賣巨人的捕手小林誠司 ^^

艾璐 Uni-Girls

之前看過 Team TAIWAN 在國際賽替中華隊加油很憧憬，這次有機會投入經典賽擔任相同角色，希望帶領球迷盡情投入 WBC 跨國對決的熱烈氣氛，一起陪中華隊過關斬將，前進日本和美國！

同場加推日職的松田宣浩選手，他無論是「熱男」口號、場外風範和場上熱情都是一等一，可惜這回沒機會見到他大展身手，好在還有大谷的二刀流可以欣賞。

瑟七 Uni-Girls

這次啦啦隊聯軍除了要記各種以前不曾跳過的舞步，還特別增加了外野應援，整個隊形編排或舞步都會有變化，但我還是非常期待而且用心練習。至於欣賞的外國球星是日職讀賣巨人隊的坂本勇人，可惜這回無緣親眼看到他精湛的守備身手。

在 WBC 這麼盛大的場合中，一定要更拿出氣勢和精神帶動，球迷們也快進場、一起留下美好回憶吧～

Faye Uni-Girls

5 支中職球隊的啦啦隊女孩聯合應援除了靠團練培養默契，個人熟記加油舞步也很重要。別看啦啦隊各個女孩都很能跳，但其實入團前光是自己隊的應援曲就要記一百多首，對於記憶力沒那麼好的我來說更是一大挑戰，必須更花心思才能展現專業的一面。

希望進場或看轉播的國內外球迷能體驗到女孩們青春、活潑、熱血的魅力與感染力，進而深入認識甚至愛上中華隊。

這屆經典賽也會有女孩們一起拍攝的MV，請球迷們拭目以待並練熟歌曲，就能跟著我們應援高歌喔！

秀秀子 Fubon Angels

雖然中信兄弟的凱蒂缺席經典賽聯軍，但還是很推薦這位優秀的啦啦隊女孩，我也經常觀摩她的影片，希望這次能將那種振奮人心、同時又具備親和力，帶領球迷投入比賽的能量融入到我的應援風格中。

丹丹 Fubon Angels

為了這次的經典賽，主辦單位特地設計了全新的嗆司曲，希望球迷會喜歡，也期待到時候音樂一下、全場觀眾都能夠跟著我們大聲應援，為中華隊喝采加油。

中職啦啦隊聯軍第一次站上國際賽場、為中華隊鼓舞士氣，希望球迷們熱烈進場支持～

球迷們一定要把握難得機會踴躍入場，讓客隊嚇到皮皮剉，否則等下回臺灣主辦說不定不只要再等 4 年喔！

球員的表現雖然是焦點，但場邊也有光彩亮麗、香噴噴的啦啦隊女孩，誠心邀請大家進場、見證我們的努力。

慈妹 Fubon Angels

繼中職明星賽之後很高興又加入啦啦隊聯軍，但經典賽有輸贏的壓力，不像明星賽舞步跳錯也沒關係、女孩們甚至還會互虧一下或彼此 cover。因此這次不會再各自練習，而是透過團練提升熟練度，也我會盡力牢記所有應援曲和主題曲，準備更充足，期盼完美登場。

奶昔 Fubon Angels

2022年是我加首度入中職啦啦隊，才跳一年就有機會能站上 WBC 舞台、進入聯軍編制，我是抱著學習的心態，希望能向學姊們多多討教如何應援中華隊、帶動球迷，順便觀摩其他隊女孩們的優點。也希望和團隊激起全場觀眾熱情、大聲吶喊，融入比賽。

KONAMI
eBASEBALL™
POWER PROS
WBSC
官方網站
普遍級
全世界等著你來挑戰
現已上市！ NT$32
和來自全世界的玩家們一起玩棒球！最受歡迎的棒球遊戲 WBSC eBASEBALL™: POWER PROS 來了！
SMASH!!!
我們正規劃舉行來自全世界的玩家們都能參與競爭的WBSC官方錦標賽，
快加緊練習做好準備吧！
WBSC President Riccardo Fraccari
本遊戲新作證明我們致力於創新
並透過數位化平台連結起棒球迷和遊戲玩家的承諾。
Official licensed videogame of World Baseball Softball Confederation. "eBASEBALL" is a registered trademark or trademark of Konami Digital Entertainment Co., Ltd. in Japan and other countries or regions. ©Konami Digital Entertainment
NINTENDO

台灣運彩
TAIWAN SPORTS LOTTERY
買運彩 助體育 增光彩
運彩全力為中華隊
應援!
國家運動發展基金
每投注100元，就有10元自動挹注到國家運動發展基金
作為政府培育、照顧運動人才及協助產業發展之用!
WORLD BASEBALL CLASSIC
2023 TAICHUNG

三隻猴子
三重麥芽威士忌
MONKEY SHOULDER
WORLD BASEBALL CLASSIC
2023 TAICHUNG
Chinese Taipei
喝猴子
替中華隊加油
好禮第一棒
買3瓶 送
三隻猴子手提酷冰杯
數量有限 送完為止
MONKEY SHOULDER
好禮第二棒 2.20 - 3.12
買3瓶登錄發票 送
LINE POINTS 100點
禁止酒駕 未滿18歲禁止飲酒

Taroko
大魯閣
TAROKO SPORTS
大魯閣
力挺台灣隊
實現國球夢想
APP
限定
Download on the App Store
GET IT ON Google Play
Taroko
大魯閣
TAROKO GROUP
下載大魯閣APP 免費請你打棒球
（電子體驗券2張）